明代登科錄彙編 二十

山東鄉試錄序

皇上御極之十有三年乙酉秋山
東復當大比士巡按監察御
史臣應庚以考試官
請時
上方鑒法
祖宗右文敷化用言官議

詔分遣廷臣出典省試如
皇祖七年故事左給事中臣三餘
幸奉
上命暫輟
侍直同員外郎臣成名偕往山
東旣
陛辭以行至則御史協裒共事

克殫厥心視昔加虔乃以推
官臣獻台臣道增知州臣于
庭知縣臣糜臣國縉教諭臣
汝欽臣克昌臣熈臣承露臣
燿德臣應龍臣日新訓導臣
廷策臣世臣爲同考試官嚴
以外則提調官右布政使臣

立左參政臣天贈監試官按

察使臣應昌副使臣守仁爰

是合提學副使臣范謙所掄

士二千有奇三試之遵

制取七十五人錄其文之優者

以

獻臣宜有言簡首臣不佞濫職

諫垣侍
上左右久無能有所裨益玆又叨
蒙
任使而又當齊魯聖人之鄉是
用懍懍滋懼敢不悉飭以求
報稱萬分一 臣 聞之幕宇宙
以爲羅因大海以爲罟何能

盤鳳逸之有乎齊曾於文學
自其天性臣弗患其士弗文
患其文弗根柢於實也弗患
其文弗實患其斤斤焉局儒
生尺寸弗究晰於古名世德
業而遽謂之實也獨不聞吾
孔子之論禮樂哉蓋寧自處

野人而慨然思從先進其
華尚實如此然繫易闡神明
之撰言孝準天地之德斟酌
典禮恢帝王之規約而能張
幽而能明彌綸大造無所朝
夕宏矣哉斯聖人所從先進
之實也粵茲東藩故夏書所

稱海岱維青州其望之不可
涯而蛟龍疊發奇珍汪濊者
海之實也其喬條岑嶙寶藏
之氣上薄青冥者岱山之實也
使海岱之雄若華不淂之可
瞬息三周而聖人者以區區
文藝足槩之則亦何貴實矣

故臣願諸士之尚實尤願尚
夫實之宏者也臣簪筆之暇
嘗考覽掌故蓋
高皇當戎馬倥傯訪求遺逸逮
英廟之季輪帛猶下山陬當是時
士處而高尚出而炳赫何者
上以實求下以實應也猗歟盛哉

令
皇上圖復鴻朗化臻淳龐頃值亢
旱
素服避殿減膳徹樂步禱
南郊精意懇惻其所以敬
天勤民者一切以實不以文寧弗
以實作天下士與之亮工熙

載也哉易曰雲從龍風從虎
聖人作而萬物覩士生斯時
有應不以實實而弗究於聖
賢大人之業者非夫也昔唐
承隋弊文靡習圮自王師旦
知貢舉黜浮薄而唐之文一
歸於正臣何敢望師旦乃敢

以師旦趣舍律能文之士所
稱入彀必其典則無詭于弘
正闇者文則實矣抑敢必其
皆克從孔氏所稱先進之實
以應
明旨答
新命乎蓋昔孟軻氏嘗以近聖人

之居自任道統而幸私淑諸
人今多士勉矣庶幾哉可稱
東人士於天下無負
聖天子特命求才至意使主司亦
獲免不任之罰實有厚藉焉
是舉也總督河漕則戶部尚
書兼左副都御史臣王廷瞻

巡撫山東則右副都御史臣李輔監察御史巡鹽則先今臣黃師顏臣譚耀印馬則臣周之翰巡漕則臣荊州士有事地方則戶部主事臣易儆之臣張悌臣王乾亨臣劉敏寬工部郎中臣顧其志員外

郎臣王先主事臣邵伯悌效

勞於外則布政司左參政臣

萬象春右參政臣孔惟德按

察司副使臣張一坤臣田樂

義臣楊材臣王偉臣呂鳴珂

臣高尚忠臣蔣致大都司署

都指揮僉事臣朱玉麟臣陳

頌先期入
賀則左參政臣屠元沐副使臣
顧大典署都指揮僉事臣許
從謙於例得並書
兵科左給事中王三餘謹序

萬曆十三年山東鄉試

監臨官

巡按山東監察御史韓應庚 布白直隸東勝左衛籍 山西趙城縣人丁丑進士

提調官

山東等處承宣布政使司右布政使佘立 [illegible]府[illegible] 湖廣[illegible]縣人[illegible]

山東等處承宣布政使司左參政許天贈 [illegible]人 乙丑進士

監試官

山東等處提刑按察司按察使宋應昌 [illegible]浙江杭州右衛 籍仁和縣人乙丑進士

山東等處提刑按察司副使劉守仁 [illegible]山西洪洞縣人 戊辰進士

考試官

兵科左給事中王三餘 勤哉直隸安平縣人甲戌進士

禮部儀制清吏司署員外郎事主事孫成名 仁甫浙江慈谿縣人辛未進士

同考試官

濟南府推官吳獻台 啓我福建莆田縣人庚辰進士

青州府推官王道增 徐甫河南潁川衛籍直隸滄州人庚辰進士

東昌府濮州知州楊于庭 道行直隸全椒縣人庚辰進士

濟南府歷城縣知縣杜縻 惟公直隸永年縣人庚辰進士

濟南府章丘縣知縣茅國縉 薦卿浙江歸安縣人癸未進士

浙江寧波府奉化縣儒學教諭姚汝欽 克卿浙江崇德縣人 丙子貢士

浙江紹興府上虞縣儒學教諭程克昌 汝盛江西星子縣人 己卯貢士

河南開封府杞縣儒學教諭盧熙 祚衍廣東歸善縣人 癸酉貢士

河南衛輝府淇縣儒學教諭蕭承露 始之貴州婺平涼衛籍 廣西開衛人己卯貢士

湖廣德安府應城縣儒學教諭劉耀德 有光湖廣江陵縣人 丙子貢士

陝西西安府長安縣儒學教諭唐應龍 叔茆四川寧定州人 庚午貢士

陝西西安府三原縣儒學教諭張日新 懋光山西沂縣人 庚午貢士

湖廣承天府荊門州儒學訓導王建策 萬余湖廣蘄圻縣人 己卯貢士

廣東韶州府儒學訓導唐臣 懋緒廣東南海縣人 庚午貢士

印卷官

山東等處承宣布政使司經歷司經歷趙一中 權甫直隸上海縣人 監生

山東等處提刑按察司經歷司經歷石　霖 子德直隸江都縣人 生員

收掌試卷官

山東都轉運鹽使司運使甘一驥 德夫江西南昌縣人 辛未進士

濟南府知府李[illegible] 友卿直隸上海縣人 辛未進士

受卷官

東昌府推官劉芳譽 寶甫河南[illegible]縣人 癸未進士

萊州府推官郭萬里 雲程山西太平縣人 庚辰進士

彌封官

登州府推官范復粲 貫仁直隸江都[illegible][illegible]休寧縣人戊午貢士

青州府莒州知州王明時 治南直隸華亭縣人丁丑進士

謄錄官

濟南府新城縣知縣張新 元恭直隸鎮海衛軍籍河南夏邑縣人丁丑進士

濟南府德州德平縣知縣鄭材 [illegible]虞直隸安肅縣人甲戌進士

對讀官

兗州府曹州曹縣知縣劉丕溢 [illegible]青河南祥符縣人癸未進士

東昌府高唐州恩縣知縣傅崇明 子建河南汲縣籍江西高安縣人[illegible]進士

巡綽官

濟南衛指揮使毛嚴　原器直隸盱眙縣人

濟南衛指揮使馬旻　信夫山西懷仁縣人

臨清衛指揮使王之道　行甫直隸宣城縣人

東昌衛指揮同知時逢春　陽甫湖廣[illegible]縣人

搜檢官

青州左衛指揮同知張鳴鶴　子和河南洛陽縣人

濟南衛指揮僉事李蘭　復周直隸盱眙縣人

濟南衛署指揮僉事魏子孝　克忠湖廣黃陂縣人

平山衛指揮僉事王憲　子貫山東魚臺縣人

供給官

山東等處承宣布政使司理問所理問郝顯忠　紹孝直隸景州人歲貢

山東等處承宣布政使司經歷司都事周復　元修直隸武進縣人監生

山東等處承宣布政使司照磨所照磨鄒正夫　從然湖廣桂陽縣人吏員

山東等處提刑按察司經歷司知事李可學　弘訓直隸武[illegible]縣人監生

濟南府同知趙務　元相直隸無極縣人戊午貢士

兗州府同知楊文禕　美叔順天府固安縣人監生

濟南府通判張世臣　國勳直隸[illegible]縣人癸酉貢士

濟南府長山縣知縣劉岵 北直隷任丘縣人 丙子貢士

濟南府德州同知張惟能 承諫河南汝陽縣人 恩貢

東昌府臨清州同知周幹 浙江崇德縣人 恩貢

濟南府歷城縣縣丞張國相 子輔直隷滑縣人 監生

濟南府肥城縣縣丞史世申 子丙應天府溧陽縣人 監生

濟南府歷城縣典史王溱 子東直隷清苑縣人 吏員

濟南府鄒平縣典史陳溧 徘本浙江山陰縣人 吏員

兗州府嶧縣典史江德容 子亮直隷欽縣人 吏員

濟南府譚城馬驛驛丞鄭睿 士美福建莆田縣人 吏員

濟南府歷城縣龍山鎮馬驛驛丞徐　懋

德修浙江錢塘縣人
吏員

濟南府齊河縣晏城馬驛驛丞董文賢

子德遼東廣寧衛人
承差

第壹場

四書

子曰能以禮讓爲國乎何有不能以禮讓爲國如禮何

中立而不倚強哉矯

孟子曰易其田疇薄其稅斂民可使富也食之以時用之以禮財不可勝用也民非水火不生活昏暮叩人之門戶求水火無弗與者至足矣聖人治天下使有

菽粟如水火菽粟如水火而民焉有不
仁者乎
易
利者義之和也
象曰水在火上既濟君子以思患而豫防
之
天之所助者順也人之所助者信也
書
百官以治萬民以察

帝光天之下至于海隅蒼生

若歲大旱用汝作霖雨

文王卑服卽康功田功

四方無虞予一人以寧道有升降政由俗

革不臧厥臧民罔攸勸

詩

六月食鬱及薁七月亨葵及菽八月剝棗

十月穫稻爲此春酒以介眉壽七月食

瓜八月斷壺九月叔苴采荼薪樗食我

農夫九月築場圃十月納禾稼黍稷重

穋禾麻菽麥嗟我農夫我稼既同上入

執宮功晝爾于茅宵爾索綯亟其乘屋

其始播百穀

以祈甘雨以介我稷黍以穀我士女

虡業維樅賁鼓維鏞於論鼓鍾於樂辟廱

保彼東方魯邦是常

春秋

夏齊侯衛侯胥命于蒲 桓公三年

六月雨　僖公三年

晉人宋人衛人曹人同盟于清丘　宋師
伐陳衛人救陳　俱宣公十有二年　夏楚
子伐宋　宣公十有三年

秋晉荀吳帥師伐鮮虞　昭公十有五年　八
月晉荀吳帥師滅陸渾之戎　昭公十有
七年

禮記

在朝言禮問禮對以禮

欣喜歡愛樂之官也

子曰君子莊敬日強安肆日偷君子不以

一日使其躬儳焉如不終日

儒有博學而不窮篤行而不倦幽居而不

淫上通而不困禮之以和爲貴忠信之

美優游之法慕賢而容衆毀方而瓦合

其寬裕有如此者

第貳場

論

本原之地在朝廷

詔誥表內科一道

擬漢勸農除田租稅詔文帝十三年

擬唐加左僕射房玄齡太子少師誥貞觀十三年

擬

聖駕步詣

南郊禱雨順天府守臣率官吏百姓謝表萬曆十三年

判語五條

官吏給由

功臣田土

禁止迎送

優恤軍屬

盜決河防

第叁場

策五道

問虞庭賡起之歌曰元首明哉股肱良哉

庶事康哉成周訪落之頌曰佛時仔肩
示我顯德行萬世圖治者昉焉我
太祖高皇帝首創禮賢館
徵四處士稱爲天下屈四先生
成祖文皇帝
召七臣入翰林院備
顧問即詩書所稱何以過焉
列聖相承率由無斁一時帷幄之臣有撰
聖諭錄者

天順日錄者
燕對
宣召二錄者可指而言之歟
世宗中興勵精化理
平臺
召見春日同遊見於
召對錄及
詠和諸集者可考而鏡也猗歟盛哉我
皇上聖神御宇宵衣圖治

祖獻善政史不絕書頃因
步禱
南郊
幄次
召見宰輔九卿諄諄以守令安民爲
諭邇于
朝罷
召輔臣議從任邊方巡撫安內攘外之謨視諸
列祖爲有光矣亦可得而對揚之歟說者猶謂

淑政當復
午朝之規
講筵當垂
清問之益其說果可行否歟諸士涵泳
聖化必有所概於中者矣願詳言之以觀忠愛
之心
問易曰窮則變變則通通則久
今日之法窮而當變者其大在
宗藩矣當讀

祖訓有曰
郡王嫡長子襲封
郡王者其歲
賜比初封
郡王減半支給又曰
郡王子孫有材能堪任用者
宗人府具以名
聞
朝廷考驗換授官職其陞轉如常選法大哉

聖謨其意不可推與嘉隆以來
宗藩日盛邸祿歲增計臣謀士建議無慮數
百言總之不過限封爵之制開四民之
業弛出城之禁而已而或者以變亂緇
之然與否與其視
祖訓不無相合者與我
皇上敦睦親親
特遣科臣前往山陝河南各藩會議已經
奏報近見

曾藩條議有訾其言之過者其得其失果何
所折衷與夫更制易法必合於人情斯
爲可乂今郎科臣所
奏報與
曾藩所條議者果可行之永遠而無弊與抑
亦苟且目前之計而姑以應
明詔也當今日
宗藩之困而不思以更張之非也更張之而
律以畫一之法亦非也兹欲從各藩之

便稍示調停俟行之漸有次第始為定制何施而可諸士其究言之執事者願有聞也

問治世之道不過寬嚴而已儒者稱帝世事畫衣菲屨而不犯乃五刑五流戕任典籍豈虛也哉或言周失之弱秦失之彊周秦之失固無異耶後之為治者用柔道則議以為黃老尚綜核則議以為申韓將如之何而可也或復合而一之

以爲申韓原於老子其說然歟否歟寬
猛迭施孔子著之今之論治者大都崇
寬絀嚴豈今之治獨宜寬耶內則吏治
未盡清外則軍容未盡肅民生多瘝紀
綱漸弛恐非可純於寬也然天下之人
頗有束濕之怨矣又可濟之以嚴耶諸
士其斟酌究極談之以爲
聖明保泰之助
問天人相與之際甚可畏也先正曰人事

失於下天變應於上又曰天心仁愛人
君故出災異以儆戒之則感召消弭之
道不可以不講矣彼謂旱爲餘烈謂天
不足畏者毋論已漢儒若董仲舒春秋
傳劉向五行傳京房易傳其論事應旁
引曲證用心勤矣然取非當時貽譏後
世果何所指與今其書見在也大較箴
切時事感悟人主使世主能用其言亦
可變災而爲祥與我

皇上敬
天勤民勵精圖治頃因亢旱爲災
素衣徒步禱雨
南郊
召諭輔臣九卿責成守令愛養百姓且又
省躬納諫如恐不及
聖政焜燿萬代瞻仰焉所謂應
天以實不以文者
皇上已見之行事矣前古帝王所未有也有可

縷數而陳之者歟
皇上畏
天之誠如是宜沴祲永消而延垓晏如也乃求
之四方有以雷火冰雹
聞者有以地震霾雨
聞者有以地血
聞者夫禹湯水旱固非德政使然然其
上下交儆以爲脩省之助者必有道也果安在
與若吏之賢否民之休戚尤

明旨所申飭者諸士懐用世之慮久矣有可以
佐吏治裨民生其悉攄所藴以稱
聖天子德意焉
問覈治者多責之守令非以其近民而説
安子愛之澤易究哉蓋循良表表星列
不暇談談齊魯之故若鳴琴單父則任
人之效而乃有尊禮蓋公齊國大治者
其旨將無同邪彼戴星出入者又何勞
逸不同同歸于治也有仁惠爲政去而

民塞道留者有誅鉏姦慝蝗入其境亦
輒死者何寬猛異執有爲僧相五年而
民多殷富者有知登州未一月而士化
民安者何久暫殊也乃治績大都將哉
其術亦有可指而言與項者亢旱
聖天子軫念黎元
明旨懇惻儆勵長吏思得循良以究德澤爾諸
士上公車服官涖政有日矣亦有利民
安國之具蘊蓄于素否其悉陳之毋隱

中式舉人七十五名

第一名陳所聞　兗州府學生　詩

第二名李華春　汶上縣學附學生　易

第三名馬從龍　安丘縣學生　禮記

第四名劉士驥　禹城縣學生　書

第五名闞　揚　海豐縣學生　春秋

第六名王體乾　聊城縣學生　詩

第七名蒲生汶　淄川縣學生　書

第八名張惟康　觀城縣學附學生　易
第九名張尊周　平原縣學生　詩
第十名應　震　濮州學生　易
第十一名葉敬愿　德州學生　書
第十二名宋子質　昌邑縣學附學生　詩
第十三名汪承爵　臨清州學生　易
第十四名鄭逢陽　東平州學生　詩
第十五名左之有　萊陽縣學生　禮記
第十六名許成名　青州府學生

第十七名龔至道　滋陽縣學附學生　春秋
第十八名張嗣誠　萊陽縣學生　詩
第十九名胡宗漢　東昌府學附學生　易
第二十名潘可久　樂陵縣學生　書
第二十一名潘　榛　鄒縣學增廣生　詩
第二十二名凌守約　東昌府學生　易
第二十三名趙　偉　海豐縣學生　詩
第二十四名孫　誥　諸城縣學生　書
第二十五名孫　延　掖縣學生　詩

第二十六名劉三英　濟寧州學生　易
第二十七名馬負圖　章丘縣學增廣生　詩
第二十八名宋兆祥　萊陽縣學生　書
第二十九名宋足徵　濮州學附學生　詩
第三十名王道一　黄縣學生　春秋
第三十一名曹光讓　登州府學生　易
第三十二名李　問　東阿縣學生　詩
第三十三名張東魯　沂水縣學生　書
第三十四名李呈瑞　聊城縣學附學生　詩

第三十五名孫　瓚　壽張縣學增廣生　易
第三十六名唐　詩　萊州府學生　詩
第三十七名車從衡　淄川縣學增廣生　禮記
第三十八名單自新　掖縣學增廣生　詩
第三十九名俞　价　寧海州學生　書
第四十名楊　櫝　德州學增廣生　詩
第四十一名王體道　武城縣學生　易
第四十二名李化春　兖州府學生　詩
第四十三名牛象坤　滋陽縣學生　易

第四十四名林養素　棲霞縣學生　詩
第四十五名吳致知　濰縣學生　書
第四十六名王祈禎　館陶縣學生　詩
第四十七名王應科　章丘縣學增廣生　易
第四十八名呂孔良　掖縣學生　詩
第四十九名欒行言　青州府學增廣生　書
第五十名毛　焯　陽信縣學生　詩
第五十一名馬孔昭　諸城縣學生　書
第五十二名丁秉廉　壽光縣學生　易

第五十三名趙　壁　長清縣學增廣生　詩
第五十四名韓　瑋　陽信縣學生　書
第五十五名崔允中　臨清州學生　詩
第五十六名王用霖　濟寧州學生　易
第五十七名陳　情　東平州學附學生　詩
第五十八名宋日就　沂州學生　易
第五十九名袁居正　武城縣學生　書
第六十名鄭逢堯　兗州府學增廣生　詩
第六十一名齊一鴻　博平縣學生　易

第六十二名顧用熙　博興縣學生　詩
第六十三名張嘉福　霑化縣學生　禮記
第六十四名高　鏘　膠州學生　書
第六十五名王守約　滋陽縣學增廣生　詩
第六十六名王用予　堂邑縣學生　易
第六十七名馬大儒　陽信縣學生　詩
第六十八名楊爾陶　海豐縣學生　春秋
第六十九名趙之才　東平州學生　詩
第七十名王允升　鄆城縣學生　禮記

第七十一名沈庭英　新城縣學附學生　書

第七十二名宋廷訓　靖海衛學增廣生　春秋

第七十三名張季彥　濮州學附學生　詩

第七十四名公家鄰　蒙陰縣學生　易

第七十五名官箴　平度州學生　書

第壹場

四書

子曰能以禮讓爲國乎何有不能以禮讓爲國如禮何

李華春

同考試官訓導唐　批　心思細密而詞更超脫論義之上乘也錄之

同考試官教諭劉　批　禮讓意最難發明獨此作理徹詞瑩一洗浮蔓文之近古者

同考試官推官王　批　典確醇正無一蔓語大雅之文宜錄

以式

考試官署員外郎孫　批　發揮讓字透徹

考試官左給事中王　批　詞理精到取之

聖人決以禮治國者惟能讓者得之焉蓋禮以讓行也爲國者以之而治易矣不然如禮何哉夫子崇治本意曰天下有飾治者有所以宰治者顧飾治者非宰治者不立是不可不講也何則爲國以禮而宰之者讓也誠使爲國者而果

能以禮讓乎儀則度數不徒炫耳目之觀而物采章程悉本於精神之蘊貴賤上下毫不容假禮也一自此心之退讓者出之則至禮所昭非以强世蓋有不勞驅率而默順於吾之範圍者自雍然穆也尊卑大小毫不容踰禮也一自此心之遜讓者運之則實禮所敷非以誣民蓋有不煩督責而默喻於吾之品節者自熈然順也於爲國乎何有不則以粉飾太平之心襲禮之迹以鋪張治道之具竊禮之似無論持此以爲

國而國難以治就其所爲禮者亦彌文焉耳彌文如禮何哉吾以是知退讓一失而禮之精實已去也無論執此以爲國而國難以理據其所爲禮者亦縟節焉耳縟節如禮何哉吾以是知遜讓一失而禮之本眞已漓也信乎治成於禮而舍禮以言治則粗禮成於讓而舍讓以言禮則僞爲國者愼無遺禮讓矣雖然有意爲讓而致飾於聲音咲貌之閒猶假之也晚近世謙讓之主非乏而不足基治者其所謂讓非也在昔

綦隆之會者稱篤恭不顯稱至禮不讓而治

嗚呼斯其至矣

中立而不倚強哉矯

陳所聞

同考試官教諭蕭　批　體莊而氣逸詞簡而意完佳士也

同考試官教諭程　批　體認真切詞更壯麗殊異乎文藝者

同考試官教諭張　批　作者類於下句極覆獨此得之

同考試官知州楊　批　此作頗多勦語獨于體認最爲[illegible]且[illegible]

同考試官推官吳　批　格調平正典雅而脫私[illegible]更[illegible]會

透徹最合 作者宜錄

考試官署員外郎孫 批 文有關係錄之

考試官左給事中王 批 發題青明盡

聖人語賢者以强有見于持己者焉夫中立易
至于倚也能勝其易倚之私矣不矯哉其强乎
夫子進子路曰士君子之處世不絕俗亦不徇
俗恃吾之理足以自勝而已吾所謂君子之强
又嘗有見於持己者焉蓋君子當流風波蕩之
中嚴孤高介特之守嘗中立矣中立則其撥甚

初其志易撓鮮不因之而倚者乃君子則以不
可苟者持吾身而見不淆于同異以不可易者
植吾節而守不變于始終舉世謂是矣而吾獨
信其非即以真非自持焉雖毀譽日交於前初
不因之而遷就也舉世謂非矣而吾獨信其是
即以真是自守焉雖利害日臨於前初不因之
而依違也斯則同于理不同于俗而浩乎有常
伸之勇信乎心不信乎迹而毅然有特立之操
世方移情于毀譽之交而彼獨卓有定見此非

其中眞有大挾持者何以能析之精而不疑也卽所稱强力不返之士玆其人已强孰矯焉世方易志于利害之臨而彼獨確有定守此非其中眞有大節操者何以能執之固而不揺也卽所稱堅强不屈之士玆其人已强孰矯焉蓋强有出于血氣者是意氣之所激昂也或有待而自餒强有出于義理者則剛大之所充塞也恒獨立而不撓子惟務此以自克爾矣噫使由也克而血氣進而義理則中和之勇可幾道不屬

之由哉然而結纓之難以身蹈之曾不必察中耶無所倚耶柳無所取裁者耶吾不知于夫子之所謂强何如

孟子曰易其田疇薄其稅斂民可使富也食之以時用之以禮財不可勝用也民非水火不生活昏暮叩人之門戶求水火無弗與者至足矣聖人治天下使有菽粟如水火菽粟如水火而民焉有不仁者乎

馬從龍

同考試官教諭姚　批　才氣昌大藻思春容大方筆也

考試官署員外郎孫　批　簡切無一冗語

考試官左給事中王　批　辭不費而意足

聖人有足民之政而因以仁天下焉夫民以有藉而興也盡所養之而民仁矣養道顧不重耶孟子意曰養民者王道之始導利者王人之權世之下也民日貧而俗日以敝毋惑也有如治天下者知民有可富之資而無以開之則貧爲

之易田疇薄稅斂焉勤而作者猶綫而輸則入
常有所不竭而民始殷然富也民有可用之財
而無以節之則匱教之食以時用以禮焉儉于
食者又儉于用則出常有所不溢而財始充然
裕也至是而民無不足矣吾以爲可使之仁焉
夫民之需水火至亟也而弗靳于與者至足也
聖人治天下使菽粟如水火焉吾知生養既遂
則有所藉而從善自輕爭相鼓舞於仁讓之化
者油然也固未有樂利之民而猶忍於自棄者

矣利賴旣弘則無所累而良心自動爭相惕勵
於仁厚之俗者熈如也固未有阜厚之民而猶
甘於非僻者矣當其慮周民隱即寓夫勸率之
方及其仁盡生民常得於休養之内王政之善
類如此考昔盛時其設爲教民之術甚詳若三
代學校之制可觀已然則其仁民者不獨在足
之也孟氏之旨爲夫殘民以逞者發耳他日告
滕文以井地而併教以稽古立學眞王道哉
易

象曰水在火上既濟君子以思患而豫防之

李華春

同考試官訓導唐 批 筆勢圓活語意清新於思患豫防之旨闡發透徹是精易學者

同考試官教諭劉 批 闡係濟之旨辭達而詞俊偉可式

同考試官推官王 批 發思患豫防意剴切懇至文更都雅

取之

考試官署員外郎孫 批 得係治之旨

考試官左給事中王　批　有沓然之色

君子觀旣濟之象而所以保濟者豫焉夫治道貴未然之防也故天下有思患之君子而世道其常濟矣嘗謂天下之亂每起於治平之日而君子之戒必于方盛之時吾觀旣濟之卦水在上而火在下焉是水火昭相濟之宜於時則爲極盛於治則爲極治者也君子觀象于此而思何以爲保濟之計哉蓋淺識之士見巳然不能見將然而恒圖患于旣至君子之思爲先事不

爲後事而每防患于未形朝廷清明世方以爲治平無事而君子獨惕然思曰否泰恒相乘也得無有禍機之隱伏乎出訏遠之見以爲宗社晝長久而所以消弭禍機者蓋自今日焉而汲汲豫爲之防矣海宇熙洽世方以爲治安無虞而君子獨悚然思曰治亂常相倚也得無有難端之竊發乎攄深長之慮以爲國家計奠安而所以杜絶難端者蓋自今日焉而遑遑豫防之周矣人情値變故則起戒懼而君子之戒懼不

在變故而在變故未萌之初何者彼誠思事至
而後防之必無幸也人情當傾危則思籌畫而
君子之籌畫不在傾危而在傾危未値之先何
者彼誠思事端不防之豫計將晩也故其始也
無故而發大難天下見以病君子之迂而其終
也患至而恃無恐天下莫不高君子之見在昔
聖明之世所賴以久安長治者職此道也君子
非善保治者哉嗟乎遠悔于未雨綢戶于苞桑
而一鳥且知避患矣矧國家之大詎可謂其無

備乎哉此蓋臣察相之所日恐恐也姬公相周
弭變無所不至而東山之斧旦夕且舉然則防
患顧不貴豫哉柰何以此爲訓猶有以太平之
言誤主聽者

百官以治萬民以察

應震

同考試官訓導唐　批　講治察字精切不浮而辭更渾雅

之可式者

同考試官教諭劉　批　非重雅渾厚然聖人同文之治作[illegible]

同考試官推官王　批　體裁莊雅詞意明練經義之極佳者

考試官署員外郎孫　批　潔淨雅稱易義

考試官左給事中王　批　典雅可錄

觀臣民之咸理而同文之治昭矣夫書契之有關於治者大也試觀臣民之所以治且察者而同文之治不既昭乎且散天下之朴者文也維天下之朴者亦文也上古聖人易結繩以書契而卒以大利於天下則亦無害其爲善變也已何則上古官不懷私即結繩而百僚未嘗不師

師也後世則官邪作矣可復以結繩治之乎惟
書契一立則所以綜核稽會者昭然有據是故
簡冊詳而幽明不可欺也紀錄嚴而黜陟其各
當也當其時大臣法小臣廉舉百司庶府罔不
懍懍然遵畫一之規者恃有此書契而已上古
師師之風庶幾可再見矣乎上古民不習僞郎
結繩而萬民未嘗不穆穆也後世則民僞滋矣
可復以結繩治之乎惟書契一立則所以符驗
考證者宛然具在是故案牘明而淑慝其不淆

也約劑審而情僞其畢照也當其時信相考法相守舉羣黎億兆罔不欽欽然守一王之憲者恃有此書契而已上古穆穆之風庶幾可復覩矣乎夫百官治則有百官不可無書契也萬民察則有萬民不可無書契也此書契之作所以通結繩之治于不窮也然亦何莫而非取象於易者哉抑書契可以代結繩乎曰未也書契愈煩民僞愈滋善宦者工簿書舞文者恣胷臆而書契之用始窮矣嗚呼假令聖人而處今日吾

[illegible]不知何以爲之所也

書

帝光天之下至于海隅蒼生

劉士驥

同考試官教諭唐　批　措詞嚴整命意閎遠發帝德尤見精
華佳作也

同考試官教諭盧　批　氣象冠裳詞調融徹涵養之士也宜
錄以式

同考試官知縣茅　批　此發不用威便見脩德詞更渾融宜

錄

考試官署員外郎孫 批 典雅可式

考試官左給事中王 批 辭旨明確

大臣告聖帝而期以德之遠被焉夫德光于海隅蒼生則其所被者遠矣而何威之足事耶想禹之意曰帝欲胥頑讒而化之乎甚盛心也顧服之以威者其化淺感之以德者其化深臣願帝求諸德焉帝之德非不光矣而威之之意猶存則光之所及者或未廣也誠能弛其威以脩

吾之德而罔有弗明本其德以達諸天下之廣而罔有弗被濬哲內涵不敢自以爲光也益擴而大之脩之穆清而溥之寰寓海隅雖遠孰非見德之地乎而漸靡者盡一世矣文明外著不敢自謂其光也益恢而弘之握之玄默而運之寰區海隅之蒼生雖衆孰非被德之人乎而甄陶者盡四海矣督責之術懸而不用是無以間吾德也無以間之則純而昭著發越眞若日月之照曾不得而壅閼之焉吾不知覩灸其光者

將何以承之耶象刑之威設而不施是無以雜
吾德也無以雜之則神而房皇周浹眞若元氣
之流曾不得而隔閡之焉吾不知躬逢其盛者
將何以荅之耶至是則讜頑者胥爲忠直而威
所不必用矣嗟乎德如虞舜豈復有未明亦豈
淫刑以逞者乃禹胡慮之深夫刑常慮其過而
德常患其不及藎臣愛君防其漸也輓近苛密
擬於吹毛操切等於束濕所繇殆與舜禹異矣
四方無虞予一人以寧道有升降政由俗

華不臧厥臧民罔攸勸

蒲生汶

同考試官教諭唐　批　以雄渾之才發深邃之學而規模正

其詞氣秾然一洗近習非大雅不羣之士安能有此允宜首薦

同考試官教諭盧　批　文機圓動而理趣溢然蓋積學而有

得者宜與浮慕者迥別

同考試官知縣茅　批　體格莊雅逸處翩翩取之

考試官署員外郎孫　批　詞氣悠老

考試官左給事中王　批　峻整簡潔

賢王幸至治之成而望大臣以保治焉夫無虞
之治治之極也非由俗之政抑何以保其成哉
康王命畢公意曰天下之治復其盛當思其成
之難享其成當慮其壞之易試觀今日之化殷
殆非偶然矣蓋當殷民滅德之始四方之可虞
者恒在而先王懷東顧之憂逮三紀風移之後
四方之可虞者已消而一人受寧謐之慶觀治
於下海宇其昇平矣觀治於上九重其暇豫矣
予何幸而見德化之成哉然無虞可娛也以寧

易玩也使膠故常而昧趨時之宜失鼓舞之機也何以保成功於不墜乎是故有隆有汙者道而道隆則隆道汙則汙者政也令也世道之允升寧無行誼之民乎而激勸不行何以礪其精神而使之奮緣俗以更化寧無旌別之典乎而勸賞不立何以堅其志意而使之興何也政俗之轉移貴順不貴強故汜謹毖之舊於大猷之世則悖矣人心之興起可倡不可阻故斬蹙以之術於式化之民則舛矣公也當無虞以寧

世而爲保泰令終之圖舍旌善何以哉公勉矣毋令周公專美于前也大抵治無常形期于適宜而已周公君陳畢公之治東郊不出數十年而治體人人殊焉天下不以爲好異則適其宜也後世守拘攣之見不泥于今則泥于古其與膠柱何異悲夫

詩

以祈甘雨以介我稷黍以穀我士女

王體乾

同考試官教諭蕭　批　典雅渾成詩義之最優者

同考試官教諭程　批　模寫公卿爲民之心宛然可掬

同考試官教諭張　批　經術淵深才思秀發

同考試官知州楊　批　精當無一剩語濟文麗然

同考試官推官吳　批　發公卿爲民意委婉有味而詞更雅

則可以式矣

考試官署員外郎孫　批　公卿爲民意藹然

考試官左給事中王　批　公卿爲民之意是朗此

公卿之祈天澤爲養民也蓋民以黍稷爲養而

所賴者雨也公卿爲民而祈意亦厚矣哉歌甫
田者曰君人撫有黎庶孰不欲其不艱于食哉
顧有非人力所能與者則不得不需之天也若
我今日之御田祖也何謂哉誠以士女之穀也
則待之乎稷黍也稷黍之介也則待之乎甘雨
也故我之精誠竭於祭告正以冀夫天澤之施
庶百穀因而有生于以弘夫粒食之慶天而無
雨是無稷也吾爲之儆聲歌以祈焉庶幾哉甘
雨一零我稷因之以翼翼乎而士女之祈祗于

南畝間者其賴稷以有養也已天而無雨是無黍也吾爲之耤音樂以祈焉庶幾哉甘雨一降我黍因之以與與與乎而士女之勤動于甫田間者其賴黍以有養也已吾不敢計歲取十千者何如而惟民之阻饑可念也稷黍不介不忍也故吾不敢望雨我公田者何如而惟民之無獲可憂也甘雨不祈尤不忍也是則我之所望于田祖者尚鑒之哉吁以致力于民之心而致祈于神盛時之公卿如是夫遡考成周盛際蓋又

有足民長策焉不徒厚望于天已也九年耕三年積藉令堯水湯旱意外倏至何虞哉代而下也上踈于備預而民待命于天矣民而待命于天宜枵腹者衆也

虡業維樅賁鼓維鏞於論鼓鍾於樂辟廱

陳所聞

同考試官教諭蕭　批　抒思精深措詞峻拔發盛世相樂之情藹然

同考試官教諭程　批　體裁莊重語意峻潔足深於詩者

同考試官教諭張　批　發民樂文王意大似王民氣象

同考試官知州楊　批　清新婉潤自是作家

同考試官推官吳　批　布格謹嚴藻思充贍末用爾雅豈弟

詞旨淵然是深於詩者

考試官署員外郎孫　批　寫出盛世景象

考試官左給事中王　批　清切雅暢

詩美聖樂于右文之地觀其盛焉蓋辟廱文教之所出也於斯而奏樂之盛宜周民之樂其樂也已想其意以我周民之囿於聖化而幸其同

樂也豈特在於臺池鳥獸之間已哉蓋吾王以造士作人之心弘菁莪棫樸之化固胥蒞止夫辟廱而講學以行禮矣迺其樂之盛也則何如樂必有懸而設之業焉設之虡焉樅聳斯人之觀瞻也而其具飭矣樂必有節而鼓維賁焉鍾維鏞焉隱然啓斯人之聽聞也而其器備矣以是鼓鍾也奏彼辟廱也豈曰奪倫而無次者哉豈曰乖戾而不樂者哉吾見立號立動交宜于虡業之間蓋秩然而有序者也於論哉此鼓

鍾乎一節一宣並敷于文教之區蓋純然而無射者也於樂哉此辟廱乎以吾王之肅雍何者非優游之休而況茲有倫之樂渢渢乎盈辟廱焉一聆其音眞足以宣天地之和矣何如其可樂耶以吾王之豈弟何者非平中之化而況茲大和之音洋洋乎徹辟廱焉一聞其聲誠足以平萬物之情者何如其可樂耶吾人誠幸其獲此樂而又何幸得以樂其樂哉吁民情見乎詞矣大抵樂無古今以愛心感者其情安以舒以

憯心感者其情悲以怨故樂一也文曰於樂幽日懷允匪樂有不同則憂樂之情異也欲後天下樂者稽諸民情而後可

春秋

六月雨 僖公三年

龔至道

同考試官訓導王 批 體裁莊整詞意精確僖公與民同樂之心發揮殆盡足稱雅義矣

同考試官知縣杜 批 辭語矯健旨意精微奇筆也

考試官署員外郎孫　批　詞簡經然

考試官左給事中王　批　發與民同樂意殆盡

望國格天而與民同樂春秋特書以予之焉夫君以民之樂爲樂者也僖公有是心矣不賢而能之乎且我僖君國不雨歷三時矣公憂之而六月雨焉夫雨天澤也喜雨民情也春秋乃以美僖者何蓋自上下之分相懸夫君之德意罔及于下矣小民之休戚罔聞于上矣孰有敬天勤民如我僖者哉始以憂民者而格天澤而天

澤爲之旣濡卽以樂民者而樂天庥而民情與之罔間向也不雨固天災之當懼者公不言逸而言天祲之難彌由是雨澤零焉民固不患于靡依而公尤不患于無民也相慶之情藹如已向也不雨固民隱之當恤者公不言豫而言民生之難保由是雨膏沛焉民固自樂其樂而公尤樂民之樂也相慰之心油如已噫嘗之民何幸而有是六月之雨乎得是雨而民困以蘇又何幸而有是喜雨之君乎得是君而下情不伏

不然未雨也民自憂之未必有今日之雨也民自樂之何至屢前日之憂哉故春秋特雨者蓋曰喜雨也而僖之賢以聖筆而益彰矣抑天人相與之際至微也人君遇災而懼則一念與天通也故能轉災爲祥而民以利賴然必本之以眞誠而體愛黎元者惓惓有素焉夫然後天心恒鑒而豫順且無疆已不然何僖能格天而雨雪大雩遂紛紛見于寵嬖之後耶吁是可以識事天之道矣

晉人宋人衛人曹人同盟于清丘　宋師伐陳衛人救陳　俱宣公十有二年　夏楚子伐宋　宣公十有三年

關揚

同考試官訓導王　批　衛晉之失信由始謀之弗臧此作歸重失謀而以失信本入深中肯綮宜錄以式

同考試官知縣杜　批　認傳意極真而發揮更能精之爽然

考試官署員外郎孫　批　最得傳旨

考試官左給事中王　批　得傳[illegible]

伯國要盟而渝信春秋貶其失謀焉此見清丘
有盟而恤病討貳之約旋渝矣豈善于謀楚者
哉且安內攘外本于謀而已矣謀而善也則無
事要盟而功可成謀而不善也則牲歃日尋而
盟且敗吾于清丘見矣清丘之盟列國戒心于
楚而蘄以禦之者也夫懼果可以禦楚而盟果
可以無懼耶當其時固莫不曰凡茲友邦或有
二心而所不共討者有如此盟矣又莫不曰凡
我同盟一旦有病而所不共恤者有如此盟矣

以此自固非安內之遠猷以此抗楚豈攘外之長策吁抑亦末矣未幾宋討陳而衛救之夫與討貳之約者衛也何遽食言若是乎蓋始謀不臧即歃血之日而已知約之不可固矣又未幾楚伐宋而晉不救夫倡恤病之約者晉也何自背信若是乎蓋始謀失筭即要誓之日而已知約之不可終矣折衝無所寄空懷剝膚之憂攘郤無所圖秖事載書之末楚將益侮中國之不備而擣其虛也何列卿無謀至此哉故春秋于

清丘之盟特貶而人之者以此雖然四國之謀良非也莊以德刑典禮之君若能改僭竊而禁猾夏詎不稱賢哉乃今日圖陳明日圖宋肆然恐脇諸侯何為耶噫此討陳之績不終而中國益衰也

禮記

欣喜歡愛樂之官也

馬從龍

同考試官教諭姚 批 固敏精密得經學正傳

考試官署員外郎孫　批　辭采兩備

考試官左給事中王　批　發官字最透

人心極其和而作樂之主在是矣夫樂以主而作也和在人心而樂之官寧外是哉樂記謂樂之爲用導迪人心之具而其作也尤有待於人者不可以不察也論倫無患固樂之情矣有是情必有宰是情者所謂官也而果何在乎心是已蓋樂由心生者也心而不和則天眞未融已失其無聲之體心而能和則性術交洽其斯

爲有聲之元虛靈內不可使有一毫之乖而欣喜之心則毫無所乖之心也即未形之播比而播比之主此焉在矣太宇中不可使有一毫之戾而歡愛之心則毫無所戾之心也即未見之鏗鏘而鏗鏘之主此焉在矣雅頌足論非自爲之論也宥密之天太和溢焉是所以管攝夫樂者而不囿於詩歌之末矣不然二雅三頌將不爲虛文乎哉律呂有倫非自爲之倫也淵衷之地至順洽焉是所以主宰夫樂者而不局於節

奏之粗矣不然律宣呂助將不爲虛器乎哉吁
作樂者當求諸心矣雖然有邪正之辨焉樂得
其道則心廣體胖而至樂在我無聲之妙具矣
一汨於理則欣喜歡愛皆私也烏乎官人當培
其心於無物之始而全其天和則幾矣

子曰君子莊敬日強安肆日偷君子不以
一日使其躬儳焉如不終日
左之有

同考試官教諭姚　批　總古特折扎別爲難而是作獨能以

姚秀之閱發湖蒼之思儀哉

考試官署員外郎孫　批　莊重不浮

考試官左給事中王　批　文亦典健

觀理欲消長之機而君子當密制心之功矣夫理欲不並立也君子能純其敬矣則心身不合得其宜哉且慎脩之學至要也顧其所主持者在心而其所涵養者在敬是在君子者知所務之而已彼君子之心本湛也而不主敬則不強惟敬之以嚴恪而理是循焉將駸駸乎高明與

遊也不日强乎君子之心本不偷也而不安肆
則不偷惟主之以放逸而欲是逐焉將施施然
縱弛不振也不日偷乎夫一心之微出乎理即
入乎欲而君子之學欲其强不欲其偷當何如
以爲功哉吾知心雖在內而未始不達于身者
其機也則失雖在身而未始不乖于心者其理
也必嚴毅以立其防常使心有以爲身之主而
緝熙以聯其間不使身有以爲心之累日用迭
運而不已矣而此心之收斂于中者亦無日之

謹蓋恐一念少安則身旣因心而病心卽因身而亂也君子固以日强之學自勉者而肯使一日如此耶日固循環而不窮矣而此心之兢惕于內者亦無日之不力蓋恐一念少肆則以心之故累其身卽以身之故撓其心也君子固以日偷之弊自祛者而肯使一日若此耶吁始焉由心以及身則正心固所以脩身也旣焉因身以及心則脩身益所以正心也此君子莊敬之學而人不可及與嘗觀人君一身百欲交攻

矧燕居獨處之時又便嬖之所易導者自非明
聖之主敬以作所所鮮不媟褻而安肆矣傳曰君
心惟在所養呼知肯哉

第貳場

論

本原之地在朝廷

劉士驥

同考試官教諭唐　批　格局冠裳詞調高古才識兼到之士

也宜[illegible]以式

同考試官教諭盧　批　發本原意最透而調亦蒼然可以式

矣

同考試官知縣茅　批　理趣周貫詞旨莊雅而起伏翩翩可動

中彀會非苟異遵古者

考試官署員外郎孫　批　格調古雅與馳騁浮華者自別

考試官左給事中王　批　發本原意茂成一家言

人主凝圖撫運而欲奠社稷于靈長也詎不亟安民哉顧所以安之者有要焉是不可以不握矣夫以天下之大林林總總之衆靡不待命于

君而君以眇然之躬托於四海兆民之上坐視而不爲之所則非吾子民意起而徧爲之則徒役其精神而勢有所不給是不得不責之羣有司矣顧此羣有司之治民也恒觀望于在上之意指上能寡欲清心以安民風其下焉疇敢不敬應者藉令徒以虛文責之則下亦以虛文應之而秦越斯民之肥瘠者徧天下矣即令甲日甲何益哉此本原之地在朝廷吾深味于程子之言也夫民之屬于君也役使惟命慶賞刑威

惟命其休戚固常懸于君君之主乎民也安則爲泰山危則爲累卵其休戚亦常懸于民此英君誼辟所爲殫精而思畢慮而籌者釋安民無他務也顧其安之之道何如耳說者曰任人則逸自任則勞民之咨嗟怨嘆吾不及一一耳之也民之困窮拂鬱吾不及一一目之也吾以此責之監司監司以此責之守令從吾命則已不則督責之鈇鉞之不下階序而濊澤流于寰宇矣嗟乎斯言也非不得爲治之體而于本原則

未睹也夫不避之名非獨賢者惡得之衆人亦惡得之爲守令者亦何忍戕吾赤子而冒不避之名哉乃其所以甘爲此者則繇于人主之多欲矣夫人主之有所欲也天下莫不斤斤焉求以中之是故命之自朝廷承之自監司奉而行之自守令所欲既廣所擾滋多守令者欲以應上之求而何暇于恤民之命乎故其賢者不得爲調停以俾害民之不甚而不賢者遂縱其谿壑之欲剝民膏脂充已囊槖矣而

人于其穢迹之既彰也始執而責之曰胡以不愛民吁此豈皆守令之咎哉毋亦本原之地未澄也明主知其然其所以求安其民者不徒求之臣而求之已不徒求之文而求之實念民之糟糠不厭而熊蹯猩唇八珍五鼎之供吾不溺也念民之裋褐不完而齊紈蜀錦玄黄絺繡之華吾不悦也念民之哀號籲天而鄭聲郢調激羽流商之奏吾不邇也吾之中宫下陳皆燕趙冶麗之奉矣而民有内怨外曠者恐之乎寧遠

色而已吾之內帑外藏皆貫朽粟紅之積矣而民有擔石未儲者忍之乎寧散財而已吾之娛目適體皆瑤臺瓊宇之麗矣而民有穴居露處者忍之乎寧卑宮而已其心常周于窮簷蔀屋之下而其欲常節于起居出入之間由是爲監司守令者莫不仰承德意布之于民民惡嚴刑也無敢以桁楊苦之民惡重役也無敢以城旦勞之民惡厚斂也無敢以繭絲病之不煩程督不費指麾而天下之撫摩鞠育其民者不啻父

母之于赤子矣夫是以戴監司守令之德者因以戴天子之德望之如日月歸之如流水名與天壤俱敝而業與三王爭流也此何以哉惟其本原之澄而已常觀漢文躬脩玄默與天下休息而循良之載在青史者班班可鏡武帝內多欲而外施仁義天下吏亦以鷙傲相高無復仁厚之意焉豈文之守令皆賢而武之守令皆不賢哉所以風之者異耳此本原之地在朝廷吾深味于程氏之言也抑猶有說焉烏喙之殺人

也審于本草者知之不則弗知也世有適越而北其轅者或告之曰此非適越之路也乃返而南欲之害人甚于鳥喙而何可不監諸古欲之難去甚于適越而何可不師諸人予故曰惟詩書可以養此本原惟賢人君子可以輔導此本原有天下者何不注意焉

表

擬

聖駕歩詣

南郊禱雨順天府守臣率官吏百姓謝表 萬曆

十三年

劉三英

同考試官訓導唐 批 格正體嚴句棊皆亮表之佳者

同考試官教諭劉 批 典切雅麗四六之工者

同考試官推官王 批 典則駢麗讀之戛然有聲是長于四

六書宜錄

考試官署員外郎孫 批 體兼訓雅非勦襲套語者

考試官左給事中王 批 清新儁麗

萬曆十三年某月某日順天府守臣臣某

等恭遇

聖駕步詣

南郊禱雨謹率官吏百姓奉

表稱

謝者伏以

玄穹眷佑式彰仁愛之徵

帝德憂勤肆舉類禋之典步移

北闕躬禱

南郊朝野交懽神人胥豫臣某等誠惶誠恐稽
首頓首上言竊惟省歲惟王一人參兩間
化育時雨應肅天道與人事感通湯禱桑
林備六事以自責宣憂雲漢借庶正以交
脩迨漢皇詔布乾封矯誣彰失若唐帝銜
行縮水荒誕貽譏民瘼頻仍矜歌管珠簾
之句天災屢見恣錦屛翠帳之懽焚巫吞
蝗奚裨實政避殿露禱徒侈虛名蓋應天
不貴以文而救災亦惟在德自非

昭代曷睹
曠儀茲蓋伏遇
皇帝陛下
心涵太始
道際重玄
毓德
青宮
睿智縱於天植
握符

紫禁

聖敬勉於日躋

體虞舜夔夔齋慄之心

敦孝思而不匱

存周文翼翼昭事之念

勑

天命以惟幾言路弘開老成布列固宜陰陽順

軌川嶽效靈詎意亢旱爲災春夏不雨麥

郊已遍煙草黍田曷睹青苗憂暢

聖衷慮周民瘼
綸音渙發蠲租霶沛
弘仁
睿藻槩申恤讞載昭
曠典以減膳徹懸爲故事思
交儆于臣鄰謂下詔罪已爲彌文益
側脩於
密勿懋篤勤民之實爰躬享
帝之儀肖

鹵簿而卻

輦輿戒出入而止

警蹕風淸

御仗爭觀

帝驂王馳雲湥

布袍共羨

龍行虎步

泰壇至止儼

上帝之居歆祝史陳詞齗

神功之昭格會見淋淋澍八方草木回春佇

看靉靆油雲萬里江天改色誠古今所希

覯而臣民之奇遘者也臣等叨承重任媿

無隨車之功濫玷清階慚乏作霖之助

恩波頻沐時來化雨沾襟羣飲皆充日見春風

入袖鳴同垤鸛舞效商羊伏願

益廣涵濡

弘周滲漏

覆載生成以爲量流澤於四海九州

風雨露雷以爲恩委潤於三農五穀
聖壽應南山之祝玉燭常調
皇圖協東洛之符金甌永固臣等無任瞻
天仰
聖踴躍感戴之至謹奉
表稱
謝以
聞
第叁場

策

第一問

陳所聞

同考試官教諭蕭 批 究尚討古數對詳明而

午朝

清問以為藥鑒可行尤見忠悃

同考試官教諭程 批 善對揚

國朝休美至末所敷陳尤見忠讜取之

同考試官教諭張 批 上下相與之盛揄揚殆盡莉未悉心

七舉五縣學增

同考試官知州楊　批我

皇上召對輔臣紹述

祖烈此千載一時也子獨能備揚其盛而末段尤見忠款宜錄以式

同考試官推官吳　批我

皇上召對鴻與子能揚厲其盛而規績罔切具出忠悃宜錄

考試官署員外郎孫　批草茅之上能開擴我

祖宗朝交泰之盛世哉

皇上論

祖固本之意甚詳而篇末數語具見忠悃有司可藉手以

獻矣

考試官左給事中王　批　敷揚哉

以上召對盛典甚悉而末段尤見忠懇錄之

帝王之圖治也其本乎君臣之交泰乎君臣之交泰也其本乎意氣之相孚乎故君必實心以交于下不隔廉堂不廢聽納然後可以資化理而治用光不然文具而情不洽焉爲虛而已矣臣必實心以交于上

不憚箴規不避忌諱然後可以輔台德而
業益懋不然迹交而心弗效焉爲欺而已
矣知此則我
聖祖之啓佑於前
列聖之承休於後及我
皇上今日交泰之盛可得而揄揚矣粤自繩契
以來天下稱極治至安者莫崇乎虞周夷
攷其時虞廷賡歌曰元首明哉股肱良哉
庶事康哉周室延訪曰佛時仔肩示我顯

德行上下一德喜起交孚以故四海聲教
兩階干羽翽翽在岡斑斑在圃而後之論
治者必稽焉噫此非萬禩之休列烈哉我
太祖高皇帝擴清華夏延攬英賢首馳書幣
聘劉基宋濂章溢葉琛四人處禮賢館
勞之曰朕為天下屈四先生噫何其盛也我
成祖文皇帝綏靖邦家親禮儒碩首下
明詔延解縉胡廣黃淮胡儼楊榮金幼孜楊士
奇七人入翰林院

諭之曰爾

皇考舊臣其盡心輔朕噫何其盛也夫

天造草昧干戈不遑家難助勳瘡夷初起而

君臣之相與如此是以和氣翔洽

天地交泰即詩書所稱何以加焉

列聖相承治化綦隆有撰

聖諭錄

天順日錄如楊士奇李賢者焉有撰

燕對錄

宣召錄如李東陽劉大夏者焉
世宗中興勵精化理如
平臺
召見春日同遊見於李時之
召對錄及
御製咏和諸集班班可考而鏡也當其時
主無貳任臣無隱忠文以情洽心非迹間休哉
盛矣我
皇上聖神御極宵衣圖治

[illegible]善政史不絕書斯亦
家運之隆昌已頊於
南郊軫念民瘼
惺次
面諭宰輔九卿嚴飭有司即桑林之禱不惻於
此矣邇
朝罷
召輔臣手授章疏議乂任邊方巡撫即儆戒張
皇之謨不惕於此矣一時大小臣工莫不

仰體我
皇上憂勤之意而竭忠畢慮思以賛脩攘之治
扵萬一是其
明良交勑
上下胥儆聚精會神相得益章豈非虞周歌咏
之休美
君臣和德之極致哉乃執事猶以復
午朝之規垂
清問之益惓惓爲

今日望誠憂盛防微之至意無亦欲霈甘露
以益
淵嶽乎顧愚也何能明習
國家事然以區區芹曝之念竊一籌之蓋人
主雖至神聖閭閻細務弗能周也今百官
奏疏四方之利病具焉誠時
御便殿躬親覽閱於其關係
國事者時
召二三大臣咨詢可否而裁度之則凡邊防

國計刑獄災祥之類日達于

九重而

天聰其益擴乎此

午朝之當復也今之

經筵日講儀制非不井井具也然肅然而臨

儼然而退講官所横經而議論者其能一

一當

聖心乎凡有疑義當涣發

綸音特降

清問必求其洞然豁暢而後已則庶乎旁引曲
證得悉其詞而
睿智其益廣乎此
清問之當垂也如是而又嚴危微之炯戒勵緝
熙之遺規遏私嗜之微萌遵慎終之令軌
則
祖宗之故實不下榻而可按求而賡歌諮詢之
盛治將匹休於今矣雖然其本則在心繫
之矣宋儒有言曰惟學可以養此心惟敬

可以存此心惟親近君子可以維持此心故魏徵有十漸之戒陸贄有九弊之陳豫養防微因事納誨其道固如此今日格心之功固賴二三大臣也愚何贅焉

第二問

汪承爵

同考試官訓導唐　批　博識雄才隨處卓有意見非庸識者

同考試官教諭劉　批　商確

字字省便宜辨井井有條足見適用之學

同考試官推官王　批　敷答詳委末復斷的

字字務事宜有老成之見取之

考試官署員外郎孫　批　壯

事舊事宜變由所重于其通達

國稱者

考試官左給事中王　批　[illegible]

字養事中款則所識時務之俊傑非耶

法不可以輕變也變則過亦不可以苟因

也不變亦過蓋法者乘乎勢者也勢已趨於極而吾猶舊法之執則勢窮而患生過也變之而不得其道無裨於勢且以滋害故曰變亦過也盧扁之方不必盡効執古法以治不齊之症庸醫弗爲矣此變法之說也禹雖善行水不能使水西流此因勢之說也然則今日法之當變者孰有大於宗藩者哉易曰窮則變變則通通則久語

法也粤攷諸古周秦以前亡論已夫

啓九國周匝三埀其後遂有末大不
患唐疏屬王者已降爲公其恩漸殺矣宋
聚族養之京師而熙寧一詔費遂大省焉
是自古及今未有不更化而能善治者我
國家稽古定制衆建
宗藩塡撫
王室大業也其在
祖宗朝分封有限計歲所給祿不過數十萬石
耳迄今二百餘年

金籙寶牒之系日益蕃息歲祿可九百五十
餘萬石歲入不當十之六兼之四方水旱
之災軍
國需用之費大司農數告匱乏有司懼無以
應率苛取之民故今天下民稱極病矣
祖宗制
郡王子孫能勝衣以上皆得拜爵令食祿如
其爵恩非不渥矣乃今生日繁而田祿一
加增故祿有積歲之逋人無自贍之術

冒尊大之名坐受饑寒之困故今天下
宗藩亦稱極病矣計臣謀士持籌而畫者無
慮數百言總之不過限封爵之制開四民
之業弛出城之禁而已夫爲限封爵之說
者曰既傳世也無窮則靡費也亦無窮如
郡王以嫡子襲封世世靈承之是矣其餘若
將軍以下者不可遞而減乎郡主以
國系下逮厚給之祿似矣其餘若縣主以下
者不可漸而殺乎夫爵限則無濫封無濫

封則祿省何恤乎變法爲開業之說者曰
夫民無世祿之入而俯仰贍者以各事其
本業也今封爵漸降則祿漸微而生亦浸
以不給法且從而縶之如匏瓜然亦刻矣
故業開則人自爲植立計不惟祿藉以省
而且各安其素志矣何恤乎變法爲弛禁
之說者曰夫曩時峻其出入者懼難於制
耳今四民之業開則才者登仕籍不才者
與齊民等設一扞罔觸禁有司以憲文法

彌治之矣故禁弛則有自贍之策無釀禍之害又何恤乎變法是三者皆審時酌勢而爲通變之策也乃議者或以變亂繩之儻亦格于

祖訓之嚴乎嘗伏讀

祖訓有曰

郡王嫡長子襲封

郡王者其歲

賜比初封

郡王減半支給則限封爵之意也又曰
郡王子孫有材能堪任用者
宗人府具以名
聞朝廷考驗授官職其陞轉如常選法則開
四民業之意也獨不可推而通之以廣
祖宗之意於今日哉我
皇上敦睦親親
特遣科臣前往山陝河南各藩會議已經
奏報乃其酌量區畫非不委悉周至也獨所

謂額糧者據今日見支之數爲異日一定
之規縱後生聚日繁祿糧不給窮困至死
不敢陳乞嗟嗟此豈人情也哉
會藩嘗其言之爲過有以也若
會藩庶宗之議抑又過矣庶宗者無名無祿
之宗也限以禁例令不得自治其生又不
曲爲優恤以贍其養則日用將何給也豈
可坐而視其困與茲欲斟酌衷益圖所以
爲善後之策必何施而後可愚生嘗反復

惟之無過前所稱三者之議而限封一節
尤今日之所當亟講者蓋封爵之限謂者
往往難之詎非以各宗仰食日久驟而減
之將有刻薄寡恩之怨乎不知天下之事
有勢之所迫不得不然者即使今日憚於
紛更之虞而數十年後勢窮理極計卒無
出此孰若乘其未至大壞早一決之而定
萬世之長計哉且也不驟更以裁其見在
惟定制以限其將來而又導之以登俊之

途開之以資生之路即於人情事體一時
或有未便而久之當自有帖然服者愚固
以限封之議乃今日之所當亟講者此也
封爵限而四民之業出城之禁可以次第
舉矣至於
請封之當恤也報生之當嚴也宗學之當設也
另城之當議也一切爲之體悉審其便宜
毋强以勢之所難行毋責以情之所難合
從容斟酌立爲定制今日

宗藩之計或有裨於萬一乎不然狃目前之議而忘經久之圖所謂變之之過也懷因循之見而乏變通之權所謂不變亦過也議論何時而定哉狂瞽之見如斯惟執事進而教之幸甚

第三問　　馬從龍

同考試官教諭姚　批　斟酌克敵處識名體中機宜足占識

考試官署員外郎孫　批　嚴以成寬正今日急務宜錄以式

考試官左給事中王　批　議寬嚴處最當是留心時務者

王者所以牧寧寓內劘厲人心者孰越二柄哉整齊約束利用嚴也觭重嚴則見以爲礉响沫嗅咻利用寬也觭重寬則見以爲踈必也寬以濟嚴而國家之命脉益輳結而不可解嚴以濟寬而國家之精神益奮朗而不可玩通乎此而我

皇上今日之治可得而揄揚其萬一矣且寬嚴

之說何昉乎粤稽儒者及典籍所稱論古
帝畫衣菲屨則疑于寬然而非專寬也五
刑五流則疑于嚴然而非專嚴也傳曰火
烈民望而畏之水懦弱民狎而翫之此其
說主嚴而申韓家冐其名而不察則專務
爲刻深故有漁竭澤束濕薪而草菅魚肉
之者詩曰豈弟君子民之父母此其說主
寬而黃老家冐其名而不察則專務爲煦
育故有髖髀不治臃腫不治而黜嫚毀裂

之者嚴安謂周失之弱秦失之彊然而周
秦固不可同日語也何者周以長厚長世
非黄老比而秦以刻深不延則用申韓之
明効大驗已漢興文帝以柔道治祖黄老
宣帝以綜核治祖申韓雖均之德非粹白
治謝黄虞乃卯金四百皆文帝寛仁之所
留而元氣索然則孝宣精覈之太過故與
其申韓也寧黄老而要之申韓原于道德
則黄老申韓其究雖殊其源則一是不可

不察也善乎孔子之言曰政寬則民慢慢
則糾之以猛猛則民殘殘則濟之以寬故
洪範言沉潛剛克高明柔克是剛柔因乎
人也周禮言平國輕典亂國重典是輕重
因乎時也緣斯以談治無定體道無偏方
此豈與俗士營一曲抱一畫闇于大道斤
斤師心東嚮望不見西牆南方望不見北
方者可同類而共笑之哉

國家

纂神明之統
履熙洽之運威與秋霜侔德與和風翔法無凝
脂之苛而九列廪廪以錯事政無旁落之
患而萬方沾沾以屬心今
上又本純德以涖之仁義互施剛柔並運釜鬲
無或壅焉斧鉞無或貸焉而日者耳輿人
之歌則若少憚夫嚴而樂于寛者愚以為
惟其用之當而已今天下吏治稱清矣然
操鮮茹蘗令類吹毛目閱覆盆而趾絕鄙

屋者有之懼銓吏之未盡甄也是可遒不
問與軍容稱肅矣然丁耗于材官名虛于
伍籍債帥没市租而驩貴人健兒掠歸俘
而上首虜何從得其一臂力也是可置不
覈與民生若醇矣然游惰者苦窳成風梟
黠者辟戾難使甚則露齦裂眥引繩批根
往往而是是可縱不戢與紀綱若振矣然
令甲格于空文藪澤闕于下吏越卒甫誅
扈而蜀兵踵報跳梁非所以令衆庶見也

10842

是可恬不省與
明主觀萬化之原會中和之理罰賞惟時瀕之
不苟其劑寬嚴而施之如和羹焉水火
醯鹽梅以烹魚肉燀之以薪宰夫和之齊
之以味濟其不及以洩其過又如聲焉一
氣二體三類四物五聲六律七音八風九
歌以相成也惠加煢獨而不以養奸回恩
覃匹夫而不以容奇衺是則所謂善成其
寬者愚生一得之見如此執事裁之

第四問

蒲生汶

同考試官教諭盧　批　獻精

皇上撤

天之心有必詳明且[illegible][illegible]祥感應之理[illegible][illegible]有核是所見天人之蘊者

同考試官教諭唐　批　學識宏深筆力高古饒佗事理時務

歷歷中肯綮有用之文也取之

同考試官知縣茅　批　敷對詳核辭直[illegible][illegible]

[illegible]剴切錄之

考試官署員外郎孫　批　取

是上憂旱而慨懷於聚吏吏民誠信又有一責于諸臣振而揚厲之是篇求

聖化而有得者能士能士

考試官左給事中王　批　發員伴京師皇吏治得旨

聖人之遇災思懼也不言氣數而言反身

其勅天弭災也不在虛文而在實政蓋災

沴者天也感召者人也以人事回天心者

誠也不知恐懼脩省而謂氣運猝至雖天

不能自主者諉也不務脩政營禳而詗燏

瘞膋蕭可以乎冥漠者僞也故聖人之始
也不歸災于天既也能脩省于已終也氣
數因之轉移而天之權反爲聖人用請因
明問而陳之蓋人君應紫微之宮其象則
天也當九五之數其尊則天也故競業之
政運之方寸而推之可以召雨暘用舍之
權操之堂皇而感之可以弭愆伏天人相
與若桴鼓然故天變非偶也胡氏謂人事
失於下天變應於上而董子又謂天心仁

愛人君故出災異以儆戒之則感召消弭之道信不可不講矣是故放勳懋德而九年不爲沴殷帝剪爪而七年不爲魃高宗正事而雊雉不爲妖宣王側身而蘊隆不爲虐倘所謂脩人事以弭天變非邪然謂人事與天變無與非也謂以某事召某應亦非也漢儒旁引曲證其附會牽合殊甚董仲舒春秋傳占陰陽而其弟子已謂之愚何怪乎蘇軾以爲迂劉向五行傳占咎

徵而其子歆已異說何怪乎蘇洵以爲惑
京房易傳占寒溫風雨而其師焦贛已謂
京生得我道以亡身何怪乎踐盩而不驗
然此三子者其大要在箴切時事感悟人
主其視公孫弘謂旱爲餘烈王安石謂天
爲不足畏者固萬萬不侔矣人主可以其
爲稗官之說而不一惕然省哉今
上御極十餘載
湛恩汪濊羣生沾濡稱極治矣頃因歲旱致勞

宸衷罪己省躬齋心籲
帝布袍蔬食却輦步行其敬
天之心可謂篤矣內操
報罷言官敘遷滅
上供之袍服停難成之磁器復于
南郊以愛養百姓
諭諸大臣其應
天之實可謂至矣茲不與堯湯高宣並驅哉乃
邇者四方

奏牘有霪雨冰雹之災矣有地震雷火之變
矣有地血之異矣人事已盡而天變弗弭
則愚生所未解也蓋嘗伏而思之君主令
臣主從乃今協氣未暢災眚未消則有司
奉行
德意未至耳何者百官懷瞽前萬里之心則或
空文以應
令甲而釜鬲不流百姓抱
君門萬里之嘆則或覆盆以望

恩而蔀屋不違
聖意時壅
詔書屢下嘗禁苞苴矣而箕斂以肥身家者豈
無之乎嘗逮屠伯矣而鷹鸇以殘民命者
豈無之乎嘗錮賦租矣而棼林以征窮氓
者豈無之乎嘗嚴驛遞矣而乘傳以騷置
郵者豈無之乎嘗止饋遺矣而倒稛以干
通顯者豈無之乎有一于此皆足以閼
主德困民生干天和召咎應宜郡國之牘繼至

而
當宁之憂無已時也
皇上渙發德音翻然與天下更始將見士競素
絲吏懲拔薤慎讞則肺石無寃蠲租則比
屋不擾如是而天不昭格年不順成和氣
不流祲氛不泯者不信也雖然有本焉君
心是已蓋人君精神意氣四肢九骸無不
與天通少有隔閡卽與天不相似而咎適
之矣故人君之動也川行其靜也嶽峙喜

則與陽俱闢怒則與陰俱閉晝宣陽德以象天明夜靜女德以象地察又所以止邪疏淫含神葆精齋明其德以與天合者敢以爲

聖天子望

第五問

王道一

同考試官訓導王　批　詳中今政積不越爲民之實心切[illegible]

陳補之之說也非有志用世者焉能爲此言

同考試官知縣杜　批　平作文辭兩敷限保民意最懇切可

為十八號卷

考試官署員外郎孫　批　談吏治歷歷如繪寔文章之有用者

考試官左給事中王　批　如予言他日可為循良矣

自昔帝王叡慮洽躬聖懿其所焦勞宵旰毋敢須臾寧者曷嘗不為民計哉顧上之勢恒尊而孤下之勢恒卑而夥故力能鞭箠四垂而恩或阻於輦轂威能懾服薄海而澤或格於窮簷藉以宣邑主德恍安元

元使上之意指德澤旁皇周浹於寓內寓內之衆亦靡不歡欣愛戴輻輳歸命而無壅閼隔閡之患此其道舍守令無繇矣善乎宋儒之言曰民猶子也君猶父母也守令乳保也夫乳保之於子非有生平之素一旦受若直而爲之撫摩煦育善其吐哺時其燥濕則罔不中其欲何以故哉彼固毋視而子畜之也爲吏者析圭儋爵懷符紆組以宰制黔庶其責顧不隆且渥哉而

惑胥越委置恣睢秦越竟以虛文敝之斯
智不乳保若矣安所稱吏耶執事策詢士
而終以東土循吏意者詰岱岳於龜陰之
客詢海若於溟渤之夫謂愚生素概於中
耶士也鄙何足以辱明問然嘗伏而思之
吏治亦難言矣任人者覩聽易亂自任則
耳目弗給也是難在議勞逸也操切者等
於束濕弗操則幾於委轡也是難在議寬
猛也遲久者玩而無震弗久則扞而弗格

也是難在議久暫也繇斯以譚吏誠難之難矣而胡齊魯術吏載在史籍者烝烝稱盛耶宓子賤鳴琴單父彼其得於師友者居多而尊禮蓋公平陽以治則深於黃老之遺也至若巫馬期戴星出入所餘殆與二子異然亦安得而輒少之劉寵之令東平猶之參苓之餌羸者以起廼趙熹在平原則鍾乳烏喙洞筋濯髓彼臃腫匪此弗治也鍾離意之相魯譬之瀦澤之潤久而

始沃還蘇軾知登州則甘霖時雨盈澮彌溢彼涸轍匪此弗蘇也之數子者所乘之勢既殊而以彼其材其懷瑾握瑜以自表見者亦人人異故咸足以顯名當年垂聲後世豈偶然哉假令左勞右逸而貴雍容之理於轇轕絲棼之時則悖矣崇寬詘嚴而效鸞鳳之治於髖髀踆盩之所則繆矣貴速賤久而冀湛濊之澤於俄頃旦莫之間則舛矣於吏治奚當耶頃者亢旱

聖天子軫念黎元
明旨懇惻至廑
幄次
召諭閣部大臣儆勗長吏思得循良以究德澤
兹亦百世一時也顧天下郡邑星列棋置
而天之生材往往不數寧盡得子賤諸人
而用之乎無已亦求諸實焉而已鶉衣之
是適而玄黃黼黻為文而已矣於邪羹無
當也菽粟之是飭而八珍水陸為侈而已

矣於阻饑無當也此實之說也爲吏者視
四封之興圯有如其家視黔首之利弊有
如其子民苦楞腹則爲之講食口哺民苦
寙惰則爲之循行勸相民苦豪猾則爲之
剪除芟刈郤蓋謝乘勞苦阡陌而非以炫
異也懸魚素絲食並監門而非以名高也
智或不給則勤以補之月或不給則歲以
繼之寧朴毋華寧鈍毋急寧泯泯於時月
毋寧赫赫於事功榮問休嘏吾不以蛩然

喜妍媸見妬吾不以怛焉懼此吾之所謂
實也苟得其實則鈍朴少文之士既得濡
之積漸以程功見能稍稍樹立即號爲長
才異能慷慨自負者亦何至見奇標異急
功喜名以入於敗壞決裂而不可救夫是
以智愚並收士咸適用騏驥要褭曾無跅
弛罷駑之患而駑駘下乘策之則前亦幾
與並駕矣又奚必較雌黃於勞逸程軒輊
於寬嚴辨淄澠於久暫哉雖然朝廷者郡

邑之樞大臣者小臣之表上崇素節則士
飾簠簋而繭絲者輟矣上貴博大則士多
木彊而悍鷙者屏矣上愼名器則士謹筦
籥而希世取寵比周倖進者黜矣故曰居
高而招臂非加長也而見者遠順風而呼
聲非加疾也而聽者遠言其樞端其表植
則其治易也是故不出閫域而化馳若神
不下堂皇而利浹四海草野蔀屋之衆悉
遊華胥登春臺而天下奏上理矣寧獨齊

魯之珉哉是爲執事者望

山東鄉試錄後序

今年乙酉

上既俞科臣言分遣京朝官典諸

藩試事於是臣成名偕科臣

三餘有事山以東既竣臣宜

敘諸末簡先是歲甲戌臣爲

御史嘗奉

簡書督理東土馬政廉諸吏治
狀三年而報
命當是時臣誠愚昧有所推舉不
能悉當
任使臣竦然懼獨憶逮今十年
所矣
上猶不終棄臣適

更制之始趣以校士視課吏之
役難倍百之臣懼益甚顧復
念惟爾諸士者去
天子輦轂下不遠又生於孔子之
鄉
皇仁聖教漸濡服習亦深而久矣
當必有率先他服者在也庶

幾道臣厚責爾則不勝大幸
蓋嘗讀士相見禮其用摯必
以雉夫士安取雉也雉備五
采有文章而性耿特不肯為
非時之交非倫之敘其視士
甚近之也則胡為不以雉哉
玆爾東土士七十五人者謝

田萊之賤行且呈身

闕下觀

日月之休光則旣以其言爲之雉矣夫直言爾上誠不能無所藉以旌别殊尤而下誠不能無所藉以表見其末鋭故兹言所見也非所以見見者也古

者以三物教萬民而賓興之
賓興者獻賢能之書於王若
令制也是故曰六德曰六行缺
一馬不得稱賢矣曰六藝缺
一馬不得稱能矣先代所責
士何其備也後世祗一詞章
盡之無論德與行且固不及

六藝之一也不亦甚易哉今
之士乎夫
國家非特資爾諸士充官府之
班也蓋有極賴焉上之補
袞職斷
國是建萬年熙洽之圖次之綏
奠疆服爲元元定命澤流四

裔其重也如是乃且鹵莽爰
謀滑中無信遷舍初方就于
否彝故曰耕而不耨維草其
宅之耨而不獲維禽其饗之
爾諸士無乃狃其易而不戒
豫也今
天子睿聖益遄敬德屢

璽書廣厲勸求爾諸士庸謂爾之

言之不中程也毋亦靳爾質

有其文終如其始守先資靖

獻之言以無負

今日言揚之典謂爾爾諸士誠

無負

詔言也是七十五人者必淬勵其

志慮奮迅其精神出處不同
遇同扵立節顯晦不同職同
扵盡忠有一不類者羣起攻
之敗而後已如是而可稱無
負也父兄之詔子弟特一人
爾或不能必得之扵子弟詔
一人猶難矧七十五人欲其

無負而大當於
璽書也嘗聞卷阿之詩曰鳳凰鳴
矣于彼高岡梧桐生矣于彼
朝陽言士之係於時也
皇上蒐羅英俊復
盛典於數十年之後而臣首奉
明詔詔士千里外維時朝陽哉

上意所嚮一日而天下改觀焉況

東土乎

聲教之所首被者而謂無同心

一德之士感發興起如高岡

鳴鳳者以應

上之所求乎臣不信也且

聖德格

玄無遠弗屆頃者雨澤愆期妨我
穡事
皇上徒步雩禱靈澍大霈東土獨
先臣始入境見嘉禾同穎民
物熙熙爲大有年爾諸士藉
聖天子享有粒食得一意偕計吏
上公車云內顧憂

主恩至渥已遭逢如斯有不振衣
彈冠力脩其行業以見於世
以圖報稱於萬分一者非夫
也是用諦告於爾七十五人
者其尚愼之哉爾諸士能仰
承
德意致身

明時豈惟
宗社之慶抑亦主司之光而臣之
庶幾望以追厚責也端在爾
諸士矣
禮部儀制清吏司署員外郎
事主事孫成名謹序

萬曆十四年丙戌會試

主考

資善大夫禮部尚書兼文淵閣大學士王

通議大夫吏部左侍郎兼翰林院侍讀學士掌詹事府事周

易一房

奉訓大夫左春坊左諭德兼翰林院侍讀趙

門生 吳道光 熊鳴夏 彭烊 揚道賓 王孟煦

顧允元 李杜 徐元正 王同休 王玠

艾維新 劉大文 方元彥 周應鰲 王希夔

許子偉 龔文選 余炶 張斗 謝朝佐

張時修 吳應明

易二房

翰林院編修文林郎楊

門生 羅大紘 戴燝 傅慶貽 徐之孟 蔡守愚

徐兆魁 祝以豳 吳文燦 何太庚 劉為楫

方大美 張鶴鳴 洪澄源 徐存德 諸壽賢

趙完璧　沈天啓　吳之望　洪其道　劉三英

王金星　張弋

易三房

翰林院編修文林郎蕭

門生　徐成楚　郭應時　田大益　柴堯年　周玄暐

馬思恭　劉以煥　陳義　顧紳　夏爋

林夢鶴　水卿謨　呂兆熊　孫承榮　陳道亨

楊遇　張守順　唐斯盛　葉煒　司諫

王道正　任僖

易四房

文林郎吏科都給事中齊

門生　林祖述　梁贊化　李元實　張轉之　李秩

任萬化　常道立　林欲廈　盛稔　曹愈參

田立家　洪敷誥　張國紀　蘇舜臣　顧時化

王綜兆　沈思充　蔡思穆　李璣　胡克儉

易五房

奉直大夫吏部考功清吏司署郎中事員外郎黄

門生 陳應龍 陸大成 陸應川 周嗣哲 葉　燾

金繼震 吳鴻洙 姚尚德 仝天叙 董肇儁

張正學 魏養蒙 朱士佳 康夢相 陳　蘊

高　巖 陳世恩 包應登 錢士鰲 王一鶚

李啓元

書一房

翰林院侍讀承直郎盛

門生 袁宗道 項德楨 吳弘濟 張　濤 黄大節

石　岩 鄭得書 周之冕 婁希亮 劉　訥

杜允繼 張令聞 吳崇禮 張時顯 羅　緄

唐興仁 高　環 傅肖形

書二房

翰林院編修文林郎楊

門生 葉重第 閔文卿 郭如春 沈　瓚 丁元薦

楊耿光 劉弘寶 朱　爵 蕭奇傑 袁　黄

高進孝　趙家相　留敬臣　盧傳元　耿隨龍
王如堅　張德明　侯廷珮

書三房

翰林院編修文林郎陸

門生王建中　黃道月　孫繼有　林璣　楊宏科
聶世潤　姜希范　蔡淮　樊東謨　黃承玄
樊鎔　曹大成　陸埜　劉夢周　吳尚友
雷元善　張泮　李養質

奉議大夫兵部職方清吏司郎中王

書四房

門生陳所職　劉道隆　陳容淳　徐庭綬　王之彥
陳惇臨　顏宇坪　吳中明　張允升　毛壽南
趙思敏　崔邦亮　熊繇　延龠　盛世翼
韓文　唐世堯

詩一房

奉訓大夫司經局洗馬兼翰林院修撰趙

門生錢允元　陳濂　劉黃裳　顏文選　王圖
章憲文　吳期炤　曹瓚　顧龍禎　曾礪
唐文獻　李汝珪　宋燾　尹從淑　羅應斗
林震　冀體　范以淑　陳大道　陳遴瑋
甯嘉猷　顧雲鳳　耿爭光　趙夢麟　宋棠

詩二房

翰林院侍講曾

門生林茂桂　蕭雲舉　夏國賓　劉滂澄　魏諤
李繼標　鄭瑞星　柳佐　周獻臣　楊繼先
王志　徐堯莘　韓策　張庚　江環
韓擢　林守信　林繼衡　林承芳　張翰
李守貞　林汝詔　邢懋敬　岑應春　吳楷

詩三房

翰林院編修文林郎馮

門生薛三才　吳洪績　李啓美　劉憲寵　劉曰梧
徐夢麟　姜仲軾　黃絹　景章　陳于王

岳大達　袁茂英　韓學占　袁光宇　王　都

浦士衡　蕭重望　何出圖　李　沂　蓋國士

王臺士　于天經　王宗蔡　李賦秀

詩四房

翰林院編修文林郎王

門生周　著　黃之俊　龔　懋　陸　經　劉道亨

傅履階　任道學　蔣行義　王之翰　司　憲

魯開泰　周　琦　鍾允復　宋師程　秦麟晉

邢有忭　曹代蕭　李日茂　鄭　舉　李伯華

紀彰禎　楊應時　陳所問　曾光魯

詩五房

刑科左給事中楊

門生陳　果　張一棟　盧明諏　馬邦良　王就學

程子鉞　王　佐　歐陽勁　鄧美政　李文熙

郭士吉　費必興　高從禮　侯　康　傅道統

韓　魁　張應鳳　弋　鶴　張應槐　汪應泰

伍文煥　劉湧　李光輝　宋應和

春秋房

翰林院檢討徵仕郎顧

徵仕郎吏科給事中陳

門生吳應賓　彭遵古　李大武　彭好古　鄧鍪

李承槐　閔遠慶　馮養志　鄒德泳　趙世典

曾光祚　許汝魁　鄧應祈　彭應捷　熊宇奇

潘大復　李宗延　王嘉謨　王士昌　趙標

陳所見　倪思益　陳鳴華　李楠　李修吉

韓范　江鍾廉

禮記房

翰林院編修文林郎莊

承德郎工部屯田清吏司主事沈

門生黃汝良　王一鳴　陶明禮　綦才　楊光訓

褚國賢　楊廷蘭　徐任道　韓邦域　嚴正邦

于仕廉　舒弘志　何喬遠　楊伯柯　李原中

屈爍　張集義　郭俊　周如綸　梁祖齡
王立賢　張和中

癸未科會試中式十四人

查允元　楊守峻　龔道立　葛孔明　何淳之
趙鍾岷　王德完　蔡淑逵　傅商獬　陳洪烈
朱諳　朱昌　王嘉賓　顧允成

萬曆丙戌科進士同年總錄

(一)北直隸三十六人

順天府
林守信 成宇 甲寅 錦衣衛
王道正 思泉 癸亥 府軍左衛
任萬化 心原 戊午 府軍前衛
王嘉謨 孔岳 庚申 豹韜衛
孫承榮 震南 庚申 四夷館
吳文燦 涵初 丙辰
楊遇 淡湖 丁巳 俱東安縣
岑應春 雲石 癸亥 通州
杜允繼 念齋 丁巳
劉為楫 濟滄 辛酉 俱霸州
馬思恭 玄熙 壬戌 遵化縣

保定府
陳所見 忠宇 壬戌
楊繼先 肖吾 壬戌 俱定興縣
劉道亨 仰同 壬子 新城縣

河間府
李日茂 [illegible] 青縣

真定府
李守貞 [illegible] 定州
張庚 玄宇 壬寅
李文熙 純臺 庚戌
韓策 [illegible]
郭士吉 清宇 甲子 俱南宮縣
呂兆熊 渭陽 辛酉 柏鄉縣

順德府
李起元 [illegible] 甲子 南和縣

廣平府
張翰 [illegible] 庚戌
盖國士 居弘 庚戌
趙夢麟 瑞洲 戊午 俱永年縣
宋薦 [illegible] 肥鄉縣
魏謂 中寰 庚申 清河縣
宋師程

大名府
張應鳳 [illegible] 甲寅 元城縣
曹光祚 徽從 甲寅
傅肖形 起巖 戊午 俱內黃縣
王之彥 [illegible] 戊午 濬縣
耿隨龍 允菴 辛亥 滑縣
韓魏 見雲 壬子
崔邦亮 [illegible] 丁巳 俱東明縣
朱爵 藹室 庚申 開州

○南直隸五十六人

應天府 何淳之 太吳 戊午 南京留守衛 沈天啓 玄初 辛酉 工部寶源局 董肇侃 里蒙 丁巳 江寧縣

蘇州府 錢允元 繼山 戊申 周嗣哲 震源 甲寅 徐元正 振雅 戊午 俱吳縣

顧時化 盟菴 戊申 陸經 誠菴 壬子 姚尚德 南濱 癸丑

李大武 晉陽 戊午 俱長洲縣 諸壽賢 歆陽 庚戌 顧允元 鳳山 辛亥

紫堯年 昭涇 丙辰 周玄暐 毓吾 戊午 俱崑山縣 毛壽南 仁山 庚戌

葉重第 振齋 戊午 沈瓚 定菴 戊午 俱吳江縣 邵鏊 曙蓮 壬子

周琦 景韓 甲寅 袁光宇 養沖 己未 顧雲鳳 瑞菴 辛酉 俱常熟縣

陸大成 見石 戊午 張輔之 睿宇 丙辰 浦士衡 襟海 丁巳 俱太倉州

松江府 董憲文 [illegible] 丙辰 唐文獻 抑所 丙戌 俱華亭縣

常州府 王就學 [illegible] 癸丑 龔道立 修吾 甲寅 諸國賢 懷菴 丙辰 俱武進縣

韓文 彬[illegible] 戊申 嚴希亮 [illegible] 癸丑 顧龍禎 驤宇 丙辰

顧允成 涇凡 己未 劉源澄 湛明 辛酉 安希范 我素 甲子 俱無錫縣

張令聞 長[illegible] 丁酉 江陰縣

鎮江府 吳之望 京江 癸丑 丹徒縣 于仕廉 振方 庚申 金壇縣

徽州府 吳中明 左海 丙戌 吳應明 懷溪 丁巳 程子鈇 扶輿 戊午 俱歙縣

金繼震 戴槐 壬戌 俱休寧縣

寧國府 葉煒 玄峯 戊申 顏文選 江陽 壬子 徐夢麟 鍾岳 庚申

梅守峻 春濤 庚申 俱宣城縣

廬州府 蔡淋逵 雲衢 乙卯 黃道月 白玄 丁巳 俱合肥縣

淮安府 楊伯柯 謙菴 壬子 大河衛

揚州府 盛稔 成西 壬子 儀真縣

安慶府 方大美 沖含 癸丑 盛世翼 句泉 丙申 吳應賓 觀我 乙丑 俱桐城縣

徐堯莘 賓巖 乙卯 潛山縣

滁州 王嘉賓 民石 丁巳 來安縣

徐州 張斗 [illegible] 丙辰 沛縣

()浙江四十一人

杭州府 錢士鰲 [illegible] 乙卯 包應登 [illegible] 乙未 俱錢塘縣 楊應時 [illegible] 壬子

高從禮 [illegible] 壬戌 俱仁和縣 葛孔明 [illegible] 丁巳 查允元 [illegible] 庚申

祝以豳 惺存 甲子 俱海寧縣 馬邦良 [illegible] 丁巳 富陽縣

嘉興府 李原中 [illegible] 戊午 嘉興縣 吳弘濟 十洲 己未 項德楨 玄池 癸未

黃承玄 [illegible] 甲子 俱秀水縣 袁黃 了凡 己巳 陳于王 [illegible]

王建中 寰洲 乙卯 平湖縣　沈思充 淡菴 乙丑 桐鄉縣

湖州府

潘大復 見所 癸丑　閔遠慶 寧臺 癸丑　夏燉 沖寰 壬戌 俱烏程縣

嚴正邦 一醇 庚申 歸安縣　丁元薦 慎所 庚申 長興縣　吳期炤 問源 己酉

徐之孟 俱德清縣

寧波府

任倩 日城 壬申　水鄉謨 海岩 癸丑　林祖述 槐庭 戊午

全天叙 玄洲 丙戌 俱鄞縣　劉憲寵 行素 辛丑　羅應斗 鏡岡 戊午

袁茂英 文海 癸未 俱慈谿縣　薛三才 青雷 戊午 定海縣

紹興府

孫繼有 姚峰 丁巳　吳道光 日鍾 丁巳　張集義 瑜書 戊午

楊宏科 泉竹 庚申 俱餘姚縣

台州府

盧明諏 西華 乙丑 黃巖縣

金華府

張應楓 三陽 己卯 浦江縣

衢州府

徐任道 弘宇 壬午 西安縣

嚴州府

鄧美政 少濱 壬申 建德縣　佘炶 義河 乙卯 遂安縣

溫州府

張德明 毅宇 丁巳 樂清縣

(一)江西三十二人

南昌府

彭烊 肯亭 丁未　張守順 震初 □□　鍾允復 毅泉 壬午

葉麃 純吾 壬子　劉曰梧 斗陽 甲寅　范以淋 自魯 戊午
周若 右華 庚申　楊廷蘭 芳臺 壬戌　李汝珪 瑞臺 癸亥 俱南昌縣
陳道亨 孟源 乙卯　熊宇奇 石門 戊午　王士昌 斗溪 庚申 俱新建縣
陸應川 鍾符 乙卯　熊鳴夏 太和 己未　李啓美 元予 甲子 俱豐城縣
宋應和 約齋 壬子 奉新縣
饒州府　閔文卿 純齋 丙午 浮梁縣
廣信府　徐庭綬 懷能 丁巳 上饒縣
九江府　吳尚友 益齋 甲寅　許汝魁 仰亭 丙辰 俱湖口縣
建昌府　張時顯 新屏 乙卯 南城縣
撫州府　周麟臣 青水 乙丑 臨川縣　王志 新盤 己未 東鄉縣
臨江府　黃之俊 端峯 壬子 清江縣　彭錫命 憶江 丙辰 新淦縣
吉安府　康夢相 竹野 乙卯　周應鰲 章南 己未 俱泰和縣　羅大紘 匡湖 丁未 吉水縣
王如堅 介石 己酉　鄒德泳 瀘水 己未　劉以煥 元自 庚申 俱安福縣
贛州府　黃大節 孚翠 癸丑 信豐縣
○湖廣二十七人
武昌府　李沂 太清 乙卯 嘉魚縣

漢陽府　常道立 五一 己未 漢陽縣

承天府　曾開泰 杜西 辛亥　王宗蓁 良川 壬子 俱京山縣　劉道隆 起南 丁巳 潛江縣

李維標 大瀛 丙辰 景陵縣

襄陽府　陳大道 惺宇 丁巳 光化縣

鄖陽府　徐成楚 訒僕 戊午 竹溪縣

德安府　陳容淳 鶴樸 丁巳 應城縣　顏宇坪

黃州府　王一鳴 右廉 癸亥 黃岡縣　徐存德 恒菴 戊午 蘄水縣　彭好古 熙陽 辛亥

李承槐 植宇 癸丑 俱麻城縣　張濤 振海 庚申 黃陂縣　彭遵古 旦陽 戊午 黃安縣

邢懋敬 蘭室 癸丑　龔懋 損齋 庚申 俱黃梅縣

荊州府　梁贊化 於中 癸丑　曹大咸 翼野 乙卯 俱江陵縣　袁宗道 玉蟠 庚申 公安縣

李元實 手宇 癸丑 監利縣

長沙府　夏國寶 禹稑 辛亥　唐斯咸 䂬石 己未 俱湘潭縣　蔡思穆 熙垣 辛酉 攸縣

寶慶府　唐興仁 元宇 [illegible] 邵陽縣

常德府　王佐 小虞 庚申 武陵縣

福建三十九人

福州府　倪思益 謙菴 丙辰　陳應龍 起川 壬戌　韓邦域 蔚里 甲子 俱侯官縣

林繼衡 對江 乙卯　蔣行義 惺齋 壬戌 俱長樂縣　蘇舜臣 心竹 甲寅

泉州府

楊道賓 荊巖 壬子　林欲厦 隆菴 甲寅　王同休 對廷 丁巳

傅道統 承宇 丙辰　洪澄源 鏡潭 丁巳　何喬遠 匪莪 戊午

劉敬臣 用賴 丁巳　鄭得書 心緝 戊午　陳鳴華 章聞 庚申

朱士佳 蒼雲 己未　劉弘寶 台巖 己未　趙世典 仰潛 壬戌

陳義 和廷 庚申　蔡淮 念質 庚申　傅慶貽 續所 甲寅 俱南安縣

黃汝良 毅菴 壬戌 俱晉江縣　傅履階 鳳崗 癸丑　蔡守愚 敬吾 己未 俱同安縣

陳濂 麟岩 己未 惠安縣　李璣 耀台 己未

建寧府

謝朝佐 翊寰 己未 甌寧縣

興化府

蕭亨休 帥庭 丙辰　曾光魯 浴亭 丙辰　林環 懷門 己未

吳洪績 植寰 己未 俱莆田縣　鄭瑞星 聚井 丁巳 仙遊縣

漳州府

林茂桂 升臺 甲寅　江環 晉雲 丁巳　林汝詔 光璧 己未 俱漳浦縣

王希夔 諧虞 己未 龍溪縣　戴燦 含樸 癸亥 長泰縣　張一棟 起東 己未 平和縣

郭應時 耀東 庚申 海澄縣

○河南三十一人

開封府

張鶴鳴 潁川衛　耿爭光 明養 癸丑 杞縣　何出圖 見寰 壬子

盧傳元 五實 己未 俱扶溝縣 艾維新 時宇 壬戌 南陽縣 陳所職 覲坪 戊午 禹州

歸德府 曹代蕭 莒岸 甲寅 商丘縣 陳世恩 夏邑縣 李楠 中石 庚戌 永城縣

司憲 晉臺 庚戌 睢州 甯嘉猷 昇穀 甲寅 考城縣

彰德府 冀體 洛東 庚申 武安縣 岳九達 雲程 丁巳 俱獲嘉縣

衛輝府 高進孝 可嵩 丙辰

河南府 張國紀 肖巷 壬子 河南衛 魏養蒙 性吾 庚申 司諫 直庭 甲寅

王金星 太玄 壬戌 俱洛陽縣 傅商弼 肖巖 戊午 嵩縣 趙完璧 運城 庚申 陝州

李秩 敬持 壬子 孟津縣

南陽府 朱誥 清今 甲寅 南陽中護衛

汝寧府 賫必興 海門 癸丑 崇府群牧所 李宗延 崧毓 戊午 林夢鶴 鑒菴 己未 信陽州

劉黃裳 玄原 乙丑 光州 彭應捷 渾同 己未 陳洪烈 復泉 己未

胡克儉 [illegible] 甲子 俱光山縣 洪其道 劉湧 俱商城縣

山東二十八人

濟南府 吳鴻洙 風城 庚申 萊蕪縣 曾磯 石甫 丙辰 陽信縣 張和中 [illegible] 濱州

兗州府 吳崇禮 節菴 丁巳 寧陽縣 吳楷 泰軒 丁巳 曹州 劉[illegible] [illegible] 濟寧州

東昌府 于天經 叙吾 乙卯 [illegible]縣 劉大文 彬于 乙卯 博平縣 汪應泰 [illegible]

青州府
方元彥 依陽 丁巳
柳佐 廣虞 己未 俱諸 清州
王都 琴川 乙卯 臨清衛
王鸞士 小鎔 乙卯 朝城縣
韓學信 淳宇 戊午 山衛
石岩 衛藤 己未
曹璜 楚石 壬戌 俱八都縣
王孟煦 念莝 戊午 安丘縣
王之翰 寅宇 丙辰 蒙陰縣

登州府
陸堃 鳴泉 庚申 登州衛
趙思敏 嶼南 丁巳 蓬萊縣

萊州府
蔡才 桂亭 壬子
姜仲軾 肖鳳 庚申
李伯華 萊亭 庚申 俱掖縣
楊耿光 環溪 戊申 平度州
陳所問 芸窗 辛酉 濰縣
邢有忭 怡亭 庚申 昌邑縣
王祿兆 敏齋 壬寅
周如綸 少東 己未 俱即墨縣

○山西十六人

太原府
王立賢 錯虞 甲寅 左衛
李光輝 新宇 庚申 右衛
樊鎔 性菴 甲子 五縣
廷論 蔡竹 丙辰 平定州
張泮 文溪 庚申 忻州
高巖 仁峯 己酉 寧鄉縣

平陽府
張時修 心齋 甲寅
李養質 涵齋 甲子 俱蒲州
趙標 華臺 乙丑 解州
弋鶴 斗陽 庚申 安邑縣

大同府
李杜 肖衛 辛酉 大同縣

潞安府
高環 慕泉 壬子 長治縣

汾州
劉夢周 心江 戊午

澤州

馮養志 可旻 乙丑 高平縣 田立家 平寰 己未 陽城縣 韓範 [illegible] 沁水縣

○陝西十四人

西安府 秦鄰晉 道吾 甲寅 楊光訓 華峰 乙卯 郭俊 青坪 壬戌 俱渭南縣

李脩吉 敬宇 戊戌 同州 郭如魯 得吾 丙辰 雷元善 體吾 己未 俱朝邑縣

樊東謨 昌南 辛亥 屈燦 昌衢 丁巳 俱蒲城縣 王圖 明石 丁巳 耀州

漢中府 張允升 吉菴 甲寅 南鄭縣 王一魁 洋川 壬戌 洋縣 劉訥 拱北 己未 寧羌衛

延安府 李賦秀 雲岩 辛亥 延安衛

寧夏衛 佳廷佩 泰和 丙辰

○四川二十一人

成都府 鄭舉 岷陽 丙辰 成都縣 梁祖齡 景泉 丁巳 溫江縣 鄧應祈 禹石 丁巳 內江縣

保寧府 聶世潤 雨軒 辛酉 劍州

順慶府 江鍾廉 寰谿 丙辰 南充縣 熊寀 小峩 戊午 王德完 希泉 辛酉 俱廣安州

敘州府 尹從淑 又方 丁巳 伍文煥 象明 壬戌 俱宜賓縣 宋棠 瀛野 戊申

趙鍾岷 念莪 丙辰 景章 雲河 戊午 陳遴瑋 [illegible]華 庚申

朱昌 夢環 壬戌 俱富順縣

重慶府 趙家相 [illegible] 丙辰 巴縣 龔文選 相宇 庚申 長壽縣 田大益 博真 壬戌 定遠縣

任道學 養吾 乙卯 忠州　曹愈泰 方夔 壬戌 涪州

潼川州　張正學 懷鹿 辛酉

嘉定州　羅緄 存冲 戊申

○廣東十二人

廣州府　何太庚 昌海 己未 順德縣　徐兆魁 海石 戊午 東莞縣　歐陽劲 梅州 壬戌 從化縣

林承芳 文峯 丁巳 三水縣　鍾萬祿 樸宇 庚申　王玠 俱清遠縣

陳果 一陽 丁巳 新安縣

惠州府　黃縉 太垣 戊午　韓擢 雲陸 己未 俱博羅縣

潮州府　陳惇臨 帶川 癸丑 潮陽縣

瓊州府　林震 兀東 丁巳　許子偉 甸南 己未 俱瓊山縣

○廣西七人

桂林府　洪敷詔 欽所 癸丑　周之禹 和台 丙寅 俱臨桂縣　舒弘志 心矩 戊辰 全州

陳蘊 對峰 己未 灌陽縣

平樂府　唐世堯 魏伯 庚申　陶明禮 阜西 壬戌 俱平樂縣

南寧府　蕭雲舉 久圃 丙戌 宣化縣

○雲南三人

雲南府　張弋南京庚申左衛

鶴慶府　顧紳初陞癸亥

永昌府　侯康晉陞癸丑永昌衛

○貴州一人

思南府　蕭重望新升甲寅

王祿兆

貫山東萊州府即墨縣軍籍國子生字惟功號敏齋治易
行一壬寅年九月二十九日生庚午鄉試三十名會試二百七十八名

廷試三甲一百九十五名

曾祖惠

祖經

父光遠　兄福兆貢生

母韓氏　弟吉兆貢生　禎兆　祥兆　嘉兆

永感下　娶宋氏　繼娶孫氏　子崇信貢生　崇約　崇節

張庚

貫直隸真定府南宮縣民籍學生字長卿號玄宇治詩行三
壬寅年十二月初七日生己卯鄉試四十八名會試一百九十三名

廷試三甲一百四十二名　吏部觀政

曾祖福興

祖浦

父鳴鶴　兄應慶

前母杜氏　母劉氏

慈侍下　娶錢氏　繼娶馮氏

劉黃裳 貫河南汝寧府光州軍籍國子生字玄子號太昱治詩行一壬寅年十二月二十七日生乙卯鄉試六名會試三十三名

廷試二甲五十三名 禮部觀政

曾祖進 太僕寺寺丞 永贈少卿

祖廷珮 監生

父繪 刑科右給事中

母胡氏

永感下

弟黃鼎 舉人 黃駿

娶崔氏 子衍 衎 衢

袁黃 貫浙江嘉興府嘉善縣民籍直隸吳江縣人國子生字坤儀號了凡治書行四乙巳年十一月十四日生庚午應天鄉試三十六名會試一百八十五名

廷試三甲一百九十三名 禮部觀政

曾祖顥

祖祥

父仁

前母王氏 母李氏

永感下

兄衷 襄 生員 裳

弟袞 生員

娶朱氏 子天啓

閔文卿 貫江西饒州府浮梁縣民籍國子生字廷昭號純齋治書行
四十丙午年十月十七日生乙卯鄉試一名會試二十四名
廷試二甲四十五名 都察院觀政
曾祖蔭芳 舉人 教授
祖仕朝 贈工部郎中
父旦 進士 知府 兄堯卿 監生 舜卿 禹卿 庠生 湯卿 庠生
母徐氏 封宜人 弟武卿
永感下 娶彭氏 繼娶許氏 子世袞 世亨 世亮

彭烊 貫江西南昌府南昌縣民籍國子生字治金號肯亭治易
行二丁未年八月十九日生癸酉應天鄉試一百二十六名會試三十八名
廷試三甲一百四十五名 禮部觀政改翰林院庶吉士
曾祖孔哲
祖淵
父懋 廣西按察司僉事 兄烓 湖廣按察司檢校
前母裘氏 母艾氏 弟燧 庠生 烇 庠生
具慶下 娶李氏 子堣 啟疆

羅大紘

貫江西吉安府吉水縣民籍國子生字公廓號匡湖治易行八丁未年閏九月二十九日生癸酉鄉試二十一名會試十四名

禮部觀政授行人司行人

廷試三甲三名

曾祖鼎祥

祖應麟

父琛

前母蕭氏母歐陽氏

永感下

兄大紳(廩生) 大紱(生員) 秉忠(生員) 秉直

弟大綸(生員) 秉智

娶周氏 子邦治 邦教 邦禮

羅絅

貫四川嘉定州竈籍學生字承文號存沖治書行二戊申年二月十四日生己卯鄉試十三名會試二百七十四名

刑部觀政

廷試三甲二百四十八名

曾祖秉善

祖裕

父仕登

嫡母晏氏繼母劉氏生母高氏

慈侍下

兄縉(生員)

娶王氏繼娶李氏[illegible] 子惟斗(生員) 惟奎 惟井 惟巽

陸大成 貫直隸蘇州府太倉州軍籍學生字集甫號見石治易行一

戊申年二月十八日生己卯鄉試一名會試二十三名

廷試二甲十四名 都察院觀政

曾祖培典史

祖恩

父明佑庠生 兄大星庠生

母杜氏 弟大由 大任 大咸庠生 大觀庠生 大治太醫吏目 大懋庠生

永感下 娶凌氏 子弘泰 弘錫

楊耿光 貫山東萊州府平度州軍籍學生字覲之號環溪治書行一

戊申年七月二十日生丙子鄉試三名會試一百七名

廷試三甲二百六十七名 工部觀政新授山西平陽府推官

曾祖傑

祖逵

父節教諭 弟莘旂 于朝 詩 重光例貢生 用光禮生 近光 文光

母高氏 國光 觀光 有光 廸光

嚴侍下 娶張氏 子昌徹

二

宋棠

貫四川叙州府富順縣軍籍學生字子澤號墉野治詩行二戊申年七月三十日生辛酉鄉試二名會試三百四十七名

廷試三甲一百四十八名 兵部觀政新授南宮知縣

曾祖公勤

祖介

父汝梅 庠生

母余氏 繼母劉氏

具慶下 弟臬 棨

娶胡氏 子有承 庠生 有慶 有望 有冕 有禎 有覲

顧時化

貫直隸蘇州府長洲縣民籍國子生字雨之號盟菴治易行一戊申年十月初一日生庚午鄉試三十二名會試二百卒一名

廷試三甲五十二名 兵部觀政授直隸南宮縣知縣

曾祖幾先

祖祺

父廉

母馬氏

永感下

娶張氏 繼娶李氏 沈氏 子剛 小驥

韓文 貫直隸常州府無錫縣民籍國子生字原質號彬菴治
書行一戊申年十月十二日生己卯鄉試四十八名會試三百九名
廷試三甲七十三名 工部觀政授江西豐城縣知縣
曾祖道深
祖松
父璥
母蔣氏 弟詩 表
永感下 娶吳氏 繼娶莫氏 陳氏 子翔龍 翔蛟

葉煒 貫直隸寧國府宣城縣軍匠籍國子生字汝充號玄峰治
易行五戊申年十月十四日生丙子鄉試四十七名會試三百八名
廷試三甲一百五十五名 都察院觀政
曾祖寬壽官
祖鵬
父芬 兄燈
母蔡氏 弟燿 煋
永感下 娶王氏 子嗣弘生員 嗣美 嗣德

任傛

貫浙江寧波府鄞縣民籍國子生字士安號日域治易行二戊申年十一月二十五日生壬午鄉試三十二名會試三百五十名

廷試三甲一百十九名　刑部觀政

曾祖鼎

祖廷貴

嗣父順平　本生父鐸

嗣母徐氏　本生母楊氏

永感下

兄脩

弟侍　伊

娶張氏　子允讓　允誼

張守順

貫江西南昌府南昌縣民籍國子生字貞卿號震初治易行九戊申年十二月初十日生丙子鄉試六十九名會試二百七十五名

廷試二甲四十一名　刑部觀政

曾祖大行　壽官

祖元芳　[illegible]大夫湖[illegible]使

父正謨　丙戌進士[illegible]階奉政大夫[illegible]部儀制司郎中

母胡氏　勅封宜人

永感下

娶熊氏　子應崇　應棣

錢允元　貫直隸蘇州府吳縣民籍官生字虞佐號繼山治詩經行一戊
申年十二月二十二日生庚午順天鄉試八十二名會試六名
廷試三甲一百三十二名　兵部觀政
曾祖瀷 贈資政大夫南京刑部尚書
祖應龍 封南京刑部右侍郎贈資政大夫南京刑部尚書
父邦彥 南京刑部尚書致仕累階榮祿大夫
前母沈氏 贈夫人　母仰氏 封夫人　弟希元 國子生　秉元 官生　宗元
嚴侍下　娶徐氏　繼娶陳氏　子順壽　介壽　仁壽　箕壽

唐興仁　貫湖廣寶慶府邵陽縣民籍國子生字德甫號元宇治書
行一巳酉年三月初四日生癸酉鄉試六十八名會試二百九十六名
廷試三甲六十九名　兵部觀政　授浙江龍游縣知縣
曾祖隆
祖汝政
父福貴
母鄧氏　弟興讓　興賢 俱庠生
嚴侍下　娶彭氏　子懋欽　懋明 俱庠生　懋中

吳期炤 貫浙江湖州府德清縣民籍學生字闇夫號問源治詩
行一己酉年七月二十一日生丙子鄉試四十三名會試八十八名
廷試三甲二百名 刑部觀政
曾祖玉
祖嵩
父同憙 儒官
母凌氏 弟期炳 期煙 期煉
具慶下 娶王氏 子羽振 生員

高巖 貫山西太原府永寧州寧鄉縣民籍山西大同縣學教諭字魯
瞻號仁峯治易行二己酉年十月十一日生丁卯鄉試二十二名會試二百六十四名
廷試三甲二百七十五名 吏部觀政
曾祖永軾
祖全
父世科 恩榮壽官 兄崧 知縣 巍 庠生
母陳氏 弟廩 舉人
慈侍下 娶史氏 繼娶劉氏 子應龍 庠生 雲龍 附龍 俱庠生 攀龍

王如堅

貫江西吉安府安福縣民籍學生字石夫號介石治書行十一己酉年十一月十二日生乙酉鄉試二十名會試二百九十九名

廷試三甲一百六十九名 工部觀政

曾祖淇

祖有懋

父端昌 兄如兗

母陳氏 繼母劉氏 弟如在 如埈 如堅 如垠 如彭 如綸 如翰貢生

嚴侍下 娶劉氏 子立德

毛壽南

貫直隸蘇州府吳江縣民籍歲貢生字宇徵號仁山治書行三庚戌年正月初六日生乙酉順天鄉試六十七名會試一百九十九名

廷試三甲一百九十四名 禮部觀政

曾祖友諒

祖源 贈奉政大夫四川按察司僉事

父衢 嘉靖癸未進士歷任四川按察司按察副使 兄國南 隆慶戊辰進士 見南 生員 國南

前母顧氏 贈安人 弟召南

母沈氏 封安人

永感下 娶錢氏 子以𤐾 生員 以燁 貤 以焞 貤 以燧

盛世翼

貫直隸安慶府桐城縣民籍國子生字以忠號匀泉治書行五庚戌年二月十一日生癸酉鄉試一百一名會試二百八十八名

廷試三甲二十九名 大理寺觀政授江西樂平縣知縣

曾祖健

祖儀 封監察御史累贈南京都察院右僉都御史

父汝譙 南京戶部右侍郎誥階通議大夫

前母王氏累贈淑人 母唐氏累封太淑人

慈侍下

兄世皋 監生 世夔 歲貢縣丞 世楫 廩生 世霖 監生

弟世承 兵部郎中 世享 作員

娶方氏

子可瞻 生員 可贊

李脩吉

貫陝西西安府同州民籍國子生字允敬號敬宇治春秋行一庚戌年二月二十五日生丁卯鄉試五十六名會試三百十五名

廷試三甲三十九名 禮部觀政授山東萊州府推官

曾祖帆

祖纖 封戶部郎中

父從教 知州階[illegible]大夫

母鄭氏 封安人 繼母周氏 封安人

永感下

弟元吉 戶部主事 永吉

娶張氏

子之榦

諸壽賢 貫直隷蘇州府崑山縣民籍附學生字延之號敬陽治易行一庚戌年五月二十九日生己卯鄉試四十一名會試二百三十八名

廷試二甲二十六名　工部觀政

曾祖玉 贈刑部主事

祖[illegible] [illegible]翰林院庶吉士刑部主事

父有彥 存 生

母魏氏

永感下

兄齊賢

弟同賢 國賢 希賢 思賢 心賢 見賢

娶徐氏 繼娶嚴氏　子士達 士遇

李楠 貫河南歸德府永城縣軍籍國子生字伯南號中石治春秋行十八庚戌年閏五月十一日生庚午鄉試二十名會試三百名

廷試三甲二百八名　吏部觀政

曾祖敬 贈文林郎

祖琛 巴州同知

父良知 [illegible]化縣知縣

母張氏

具慶下

兄楫

弟哲 乙酉舉人 楨 [illegible] 生員 植

娶胡氏　子支郁 支頫

李文熙 貫直隸真定府南宮縣民籍學生字道光號絅臺治詩行二
庚戌年九月二十一日生甲子鄉試十一名會試一百四十六名
廷試二甲三十一名　吏部觀政授山東汶上縣知縣
曾祖鉞
祖榛
父禎 寺官　兄文振 選貢
母任氏　弟文爍 生員
具慶下　娶高氏　繼娶張氏　子攀龍 庠生　從龍

張翰 貫直隸廣平府永年縣民籍縣學生字文華號嗣菴治詩
行三庚戌年十月初五日生癸酉鄉試四十二名會試二百七十七名
廷試三甲二百六十三名兵部觀政
曾祖興
祖廷寶
父永豐 府學生　兄翥　翅 縣庠生
母馬氏
慈侍下　娶盧氏　子顯世　士偉

蓋國士

貫直隸廣平府永年縣民籍學生字懋賢號居弘治詩行

一庚戌年十二月二十三日生庚午鄉試四十一名會試二百七十九名

廷試三甲一百九十二名　戶部觀政

曾祖智

祖珩

父光宙 己酉科舉人 陳州知州

母王氏

慈侍下

弟國士

娶蘇氏　繼娶李氏

子賡堯　歌堯　仰堯　際堯

樊東謨

貫陝西西安府華州蒲城縣軍籍國子生字伯明號昌南治

書行三辛亥年十二月初六日生乙酉鄉試二十五名會試一百七十二名

廷試二甲四十二名　刑部觀政

曾祖經

祖濟重

父喜

母權氏

慈侍下

兄東許　東訢

弟東誠　東誼　東論　東誥 庠生

娶王氏

彭好古

貫湖廣黃州府麻城縣匠籍學生字伯錢號熙陽治春秋
行五辛亥年五月二十五日生乙酉鄉試八十八名會試三十五名
廷試三甲九十三名　大理寺觀政

曾祖伯彝
祖易經
父岱
母饒氏
慈侍下　娶劉氏
弟述古　顯謨（癸未會試中式 舉人 永道守備）　遵古（丙科 進士）
子壽國　壽民

顧允元

貫直隸蘇州府崑山縣民籍國子生字懋善號鳳山治易行
一辛亥年八月十二日生丁卯鄉試十八名會試八十九名
廷試三甲六十四名　禮部觀政（授福建甌寧縣知縣）

曾祖宜之（監察御史）
祖璪（布政司都事）
父夢羽（蘄州同知）
母金氏
具慶下
兄允中　允熙（監生）　茂弘　允館　光岳　光遠（庠生）　光祉
光蓉　咸仁　咸康　咸寧　咸和　允燁　允烈（庠生）　光復
弟允諧（舉人）　允杰　光世（庠生）　光國　光善　咸通　咸速
娶王氏　子天祿

李賦秀 貫陝西延安衛官籍國子生字汝砺號雲岩治詩行六辛亥年八月十四日生己卯鄉試十六名會試三百三十七名

廷試三甲二百二十名 都察院觀政

曾祖溫 典寶

祖際昌 縣丞

父學書 國子生

母戴氏

慈侍下

兄賦愚 知州 賦直 長史 賦訥 監生 賦蒙 武進士 賦才 監生

弟賦俊 庠生 賦傑 庠生 賦英

娶王氏

耿隨龍 貫直隸大名府滑縣軍籍國子生字舜言號允庵治書行九辛亥年九月初二日生己卯鄉試三十三名會試二百八十名

廷試三甲七十六名 通政司觀政授直隸寶應縣知縣

曾祖表

祖潤 贈戶部員外郎

父思愛 戶部員外郎

母馬氏 贈宜人

永感下

兄隨朝 參政 隨卿 都御史 隨弟 訓導 隨舉 廩生

弟隨益 廩生 隨稷 廩生 隨契

娶李氏 子如璉

張正學

貫四川潼川州民籍國子生字可宗號懷鹿治易行二辛亥年十月二十一日生丁夘鄉試七名會試一百八十二名

廷試三甲一百六十一名戶部觀政

曾祖伯璣 教諭贈兵科右給事中

祖翀 兵科都給事中贈太常寺少卿

父爾 知州贈奉直大夫

母金氏 封太宜人

慈侍下

兄二南 知州　正道 按察司僉事

弟繩祖 舉人　正論 生員

娶湯氏

子世雍　世耀　世擢

夏國寶

貫湖廣長沙府湘潭縣民籍國子生字惟善號禹麓治詩行一辛亥年十月二十二日生丁夘鄉試六名會試三十七名

廷試三甲二百三十二名　刑部觀政

曾祖紹鑑 州判官

祖雲 生員

父時正 義官

前母謝氏　母周氏

慈侍下

娶盧氏

子熅　[illegible]謨　[illegible]試　晳　[illegible]

曾開泰

貫湖廣承天府京山縣軍籍學生字太來號松西治詩行一辛亥年十二月初九日生乙酉鄉試六十四名會試一百五十六名

廷試三甲一百八十六名　都察院觀政

曾祖文衡

祖鸞

父伯淋

母李氏　弟襄　正泰　世泰　應泰　成泰

嚴侍下　娶陳氏　子士毅　士奇　士彥　士致

邵鏊

貫直隸蘇州府常熟縣民籍附學生字麟武號墟蓮治春秋行二壬子年二月初三日生己卯鄉試六十二名會試四十九名

廷試三甲八十七名　刑部觀政

曾祖楫

祖賜

父圭槩 丙□舉人署 [illegible]　兄鎣　鏊 庠生　鑾　鑒　昌鉏 庠生　鏞

母張氏

慈侍下　娶張氏　繼娶屈氏　王氏　子之潛

宋應和

貫江西南昌府奉新縣民籍江西樂平縣學教諭字道達號約齋治詩行九壬子年三月初九日生癸酉鄉試七十四名會試三百四十三名

廷試三甲二百五十四名　通政司觀政

曾祖岳　贈布政

祖慶雲

父誥　兄應奎選貢　應期司吏　應舉庠生

母徐氏　繼母胡氏　弟應文

慈侍下　娶程氏　子士謙庠生　士熹　士賢　士申　士章　士瞻

劉道亨

貫直隸保定府新城縣民籍國子生字時濟號仰岡治詩行一壬子年四月初四日生丙子鄉試二十六名會試六十九名

廷試三甲一百五十三名　工部觀政

曾祖大賢

祖鉞

父宗伋

母王氏　繼母田氏　弟道東　道凝

具慶下　娶張氏　繼娶李氏　子太初

黃之俊 貫江西臨江府清江縣民籍國子生字君顯號端峰治詩
行三壬子年四月初四日生己卯鄉試二十三名會試二十一名
廷試三甲一百八十四名 工部觀政
曾祖東瑛
祖坤 巡檢
父廷瑞 廪膳生員
嫡母杜氏 生母慎氏 弟之偉 之伊 俱庠生 之傳 之僎 之僑 之仲 之儀
具慶下 娶陳氏

李秩 貫河南河南府孟津縣民籍學生字序甫號敬持治易
行四壬子年四月初九日生壬午鄉試四十九名會試八十二名
廷試三甲一百八名 通政使司觀政 授山東黃縣知縣
曾祖清
祖文誌
父棨
母牛氏 貞節
永感下 娶陳氏 子可教 可貴 可則 可度
兄淮 重 得林

韓魏　貫直隷大名府東明縣民籍國子生字晉勳號見雲治詩行一壬子年五月二十九日生庚午鄉試四十三名會試二百二十九名

廷試三甲二百三十七名　通政使司觀政

曾祖釗

祖瑋

父廷相省祭官

母楊氏　繼母賈氏　劉氏　弟歐　柳　逍

嚴侍下　娶王氏

鍾允復　貫江西南昌府南昌縣民籍國子生字大亨號繼原治詩行三壬子年七月十三日生丁卯鄉試十七名會試一百八十四名

廷試三甲四十八名　禮部觀政授福建晉江縣知縣

曾祖玉潤

祖彩[illegible]

父沂[illegible]

兄允諧

母熊氏封孺人　弟允晉　允升　允臨　允安

具慶下　娶樊氏　子師尚　師泰　師琦

楊伯柯 貫直隸大河衛軍籍淮安府學生字直甫號謙益治禮記行四壬子年七月二十日生癸酉鄉試八十二名會試二百四名

廷試三甲二百十六名 工部觀政

曾祖政

祖瀛

父憲 貢[illegible] 志孝 兄伯蔭 伯綦

母相氏 弟伯莘 伯蒔 伯縉生員 伯喬生員 伯芭 伯楷

永感下 娶謝氏 繼娶謝氏 子光裕 光衮 光表

高環 貫山西潞安府長治縣民籍國子生字循卿號冀泉治書行二壬子年七月二十五日生癸酉鄉試六十一名會試三百十三名

廷試三甲一百二十一名 工部觀政

曾祖遷

祖運成

父騰 兄現

母吳氏 生母李氏

慈侍下 娶趙氏 繼娶郭氏 宋氏 子真曾 真卓 真偉

楊應時 貫浙江杭州府仁和縣民籍國子生字際甫號澹所治詩
行一壬子年八月初八日生巳卯鄉試八名會試三百十名
廷試三甲十名 都察院觀政授行人司行人
曾祖明
祖瓛
父孟昇
母王氏 弟應春
永感下 娶金氏 錢氏 子士經生庠 士維 士繩 士縉 士綬 士組

何出圖 貫河南開封府扶溝縣民籍國子生字啓文號見寰治詩行
一壬子年八月十一日生丁卯鄉試三十二名會試二百五十名
廷試三甲一百八十名 兵部觀政
曾祖政
祖世亨恩賜壽官
父岑州同府知州
母張氏 弟出光癸未進士山西曲沃縣知縣
永感下 娶李氏 子稽武廩膳生員 稽澄 稽遠

楊道賓 貫福建泉州府晉江縣民籍國子生字惟彥號荊巖治易
行三壬子年八月二十日生丙子鄉試十八名會試五十四名
廷試一甲二名 授翰林院編修
曾祖清 兄道學 道寬 道會台州府知府 道謙 道敷生員 道廉 道泰
祖逢春生員 弟道升 道恒生員 道明 道振 道紹 道相生員 道問
父敦厚典史 道醇 道憲 道林
前母葛氏 母曹氏
具慶下 娶翁氏 繼娶黃氏 子錫綸 錫縉 錫綰 錫纘

張國紀 貫河南河南衛軍籍洛陽縣增廣生字子振號肖庵治易行
二壬子年九月初五日生丁卯鄉試三十七名會試二百二十八名
廷試三甲二百八十一名 吏部觀政
曾祖廣
祖文
父大化儒官 兄國綱生員
母方氏 弟國績
慈侍下 娶王氏 繼娶喬氏 梁氏 子良輔 良佐 良弼

徐任道

貫浙江衢州府西安縣民籍學生字仁卿號弘宇治禮記行
八壬子年九月十三日生壬午鄉試五十六名會試一百五名
廷試三甲二百四十三名 禮部觀政

曾祖珍
祖孔昂
父良鎖 兄可相 俊卿貢生
母鄭氏 弟可進 用卿貢生 可望 可化 可選 可達 可道 任仕
嚴侍下 娶葉氏 繼娶吳氏 子應雷

顏文選

貫直隸寧國府宣城縣軍籍學生字巽之號疊陽治詩行
八壬子年十月初三日生壬午鄉試八十八名會試四十八名
廷試三甲七十七名 大理寺觀政 授湖廣江夏縣知縣

曾祖歆
祖詮
父棠 兄文英 文寵俱庠生
母孟氏
慈侍下 娶陳氏 繼娶孫氏 子心聖

綦才　貫山東萊州府掖縣軍籍山西蓬萊縣教諭字色鋤號杜
亭治禮記行二壬子年十月十六日生癸酉鄉試三十五名會試四十二名
廷試三甲六十三名　吏部觀政授河南嵩縣知縣
曾祖賢
祖俊大使
父鯨教諭　兄猷生員
母吳氏
永感下　娶由氏

盛稔　貫直隸揚州府儀真縣民籍國子生字伯豐號成西治易
行十二壬子年十一月十七日生己卯鄉試一百十七名會試一百六十三名
廷試三甲二百五十二名　都察院觀政
曾祖釗
祖淵
父檜　兄科生員　种　若愚知州
母陳氏　生母李氏　弟稽
永感下　娶秦氏　繼娶張氏　許氏　子自剛　自今生員

王宗蓁 貫湖廣承天府京山縣軍籍國子生字時榮號艮川治詩

行四壬子年十月二十九日生丁卯鄉試九名會試三百二十一名

廷試三甲二百三十六名 都察院觀政

曾祖易

祖大韶 贈承德郎戶部主事加贈中憲大夫按察司僉事

父樵 封承德郎戶部主事陞陝西道累封嘉議大夫陝西右布政使

母郝氏 封淑人 生母方氏

永感下

兄宗茂 嘉靖丁未進士南京廣東道御史陞光祿少卿 宗泰 庠生 宗蕃 庠生 宗予 縣丞

宗芹 舉人 宗著 庠生 宗休 庠生

弟宗寧 庠生 宗楚 舉人 宗義 庠生 宗蔭 太學生

娶楊氏 子埈 生員 埏 墩 致

陸經 貫直隸蘇州府長洲縣民籍國子生字載道號誠菴治詩

行一壬子年十一月十一日生癸酉鄉試三十三名會試五十五名

廷試三甲二百二十二名 大理寺觀政

曾祖惟善

祖珍

父鼎 兄爵 鑰 州判官

母張氏

慈侍下 娶畢氏 子郁 庠生

葉麃

貫江西南昌府南昌縣軍籍附學生字以文號純吾治易行二壬子年十二月二十五日生甲子鄉試三十八名會試八十七名

廷試三甲二百三十八名大理寺觀政

曾祖思楚

祖景蓁

父芬 庠生

母喻氏 生母黃氏

慈侍下

兄良 鯨 巡檢 純 泰 熙 庠生 蒸 府同知 復

弟羔 庠生

娶鄔氏 子方華 皇華 奇華

岑應春

貫順天府通州民籍國子生字繹仁號雲石治詩行一癸丑年正月十一日生庚午鄉試七十名會試三百三十四名

廷試三甲一百五十七名大理寺觀政

曾祖桂

祖廉

父猷 典史

母丁氏

具慶下

兄應雷 應奎

弟應雲 應辰 應時 應庚

娶陳氏

梁賛化 貫湖廣荆州府江陵縣民籍河南汲縣人學生字真卿號葵

東治易行三癸丑年二月初二日生己卯鄉試二名會試三十四名

廷試三甲二十四名 工部觀政授直隸鎮江府推官

曾祖紀

祖浩 江陵縣沙市巡檢司巡檢

父元 恩例冠帶壽官 兄林 松 宗堯庠生 弘化庠生 宣花

母楊氏 弟宗舜

具慶下 娶李氏 子應龍 應芝 應虹 應鱗

耿争光 貫河南開封府杞縣匠籍學生字爾遜號明菴治詩行

一癸丑年二月十六日生庚午鄉試五十三名會試三百十六名

廷試三甲一百六十三名 戶部觀政

曾祖玘

祖希

父銀

母左氏 弟瑕光侯門教授 奪光

慈侍下 娶王氏 子天壽 天祐

傅履階 貫福建泉州府南安縣軍籍國子生字則及號鳳崗治
詩行五癸丑年三月十九日生庚午鄉試十四名會試八十三名
廷試二甲三十三名 吏部觀政
曾祖璇
祖翰英
父陽明 丙午順天舉人知縣 兄履一 庠生 履禮 庚辰進士任運司知事 履約 留守司經歷 履慎 庠生 履重 庚午同科舉人
母王氏 弟慶貽 同科進士
永感下 娶王氏 子檽 㮈

方大美 貫直隸安慶府桐城縣軍籍國子生字思濟號沖谷治易
行一癸丑年閏三月十五日生丙子鄉試十九名會試一百二十三名
廷試三甲一百四十名 通政使司觀政
曾祖綱 貢生
祖夢陽 監生 縣丞
父學尹 庠生
母劉氏 弟大鎮 壬午舉人 大善 大羙
具慶下 娶王氏 子若篆 若笏 若節

婁希亮 貫直隸常州府無錫縣軍籍國子生字道弼號洞菴治
書行四癸丑年四月十三日生壬午鄉試二十四名會試一百六十一名
廷試三甲二百七十名 通政使司觀政

曾祖悅
祖濟民
父輝 兄希寅 希寧 希玄
母宋氏 弟希雍
具慶下 娶沈氏 子星耀 星燦

李承槐 貫湖廣黃州府麻城縣民籍增廣生字應揆號植宇治春
秋行二癸丑年四月十四日生丙子鄉試十七名會試六十三名
廷試三甲二百五十九名 戶部觀政

曾祖滋 太學生
祖文英
父坊 庠生 兄承相 庠生 承太
母周氏 弟承桂 承柱 承泰 舉人
永感下 娶江氏 子遴 庠生 迪 增生 選 建 延 逢 适 逵

王就學

貫直隸常州府武進縣民籍增廣生字所敬號翼菴行一癸丑年六月二十三日生乙酉鄉試三十八名會試七十三名

廷試二甲六十七名　戶部觀政

曾祖沔

祖恩

父道生

母杭氏

慈侍下

弟就聘　就問

娶宋氏

子國鼎　國衡

潘大復

貫浙江湖州府烏程縣民籍國子生字徵復號見所治春秋行一癸丑年七月初六日生壬午鄉試三十二名會試一百八十三名

廷試三甲一百六十名　禮部觀政

曾祖孝 累贈刑部右侍郎資政大夫 太子少保都察院右都御史

祖夔 累贈資政大夫太子少保刑部尚書 光祿大夫柱國太子太保工部尚書

父季馴 原任資政大夫太子少保刑部尚書

母施氏 封夫人

具慶下

兄冠生　景生　京陽 監生　昇暘 監生　霞陽　启陽 監生　宣陽 監生　瑞陽 監生　朝陽

弟鍾陽　龍翰 監生　華陽　岳陽　文陽 監生　玄授　玄孺 供序生　桂陽

娶吳氏

吳之望

貫直隸鎮江府丹徒縣民籍國子生字民表號京江治易行

四癸丑年七月初七日生乙酉鄉試七十六名會試二百八十九名

廷試三甲二百五十五名 大理寺觀政除翰林院庶吉士

曾祖堪 壽官

祖鳳

父思 兄之藩

前母錢氏 母夏氏 繼母李氏 弟之奇

慈侍下 娶東氏 子建封 建興 建侯

黃大節 欽

貫江西贛州府信豐縣民籍國子生字思立號庭翠治書

行三癸丑年七月十七日生癸酉鄉試八十九名會試七十九名

廷試三甲一百三十三名 兵部觀政

曾祖霄

祖石

父堂 庠生 兄大忠 大孝 庠生

母俞氏 弟大義

慈侍下 娶曾氏繼娶吳氏吳氏子道來 道直 道璘 道旺

侯康 貫雲南永昌衛官籍學生字汝錫號晉軒治詩行一
癸丑年八月初九日生壬午鄉試二十七名會試二百名
戶部觀政授四川內江縣知縣
廷試三甲三十三名
曾祖鎮正千戶
祖佐正千戶
父宇
母趙氏
慈侍下
兄度補伴舍事
弟賡冠帶 唐 麼
娶陸氏 子世封 世賞 世祿

陳惇臨 貫廣東潮州府潮陽縣民籍國子生字彥莊號帶川
治書行一癸丑年九月十一日生丁卯鄉試四十四名會試一百十六名
戶部觀政授福建閩縣知縣
廷試三甲六十六名
曾祖萬齡
祖成周贈南京戶部主事
父瑞龍戊戌進士興化府知府
母蕭氏封安人
永感下
弟惇復庠生 惇艮 惇漸 惇萃 惇節 惇巽
娶周氏 子胤慶 胤緒

洪數誥 貫廣西桂林府臨桂縣官籍學生字天章號欽所治易行五癸丑年九月十三日生庚午鄉試一名會試二百十名

廷試二甲三十七名 戶部觀政

曾祖鑑

祖琦 知縣

父以榮 府同知 兄數言 知縣 數文 丁卯解元 數政

母朱氏 弟數訓

永感下 娶羅氏 繼娶朱氏 蕭氏 子萬化 萬壽

姚尚德 貫直隸蘇州府長洲縣民籍國子生字伯容號南濱治易行一癸丑年九月二十日生己卯鄉試三十四名會試一百三十一名

廷試二甲二十一名 兵部觀政

曾祖鏜

祖傚 庠生

父浩

母黃氏 弟尚文 尚功 尚志

具慶下 娶葛氏 繼娶朱氏 包氏 子[illegible]齡 夢日 夢斗

宋薦

貫直隸廣平府肥鄉縣民籍學生字子[illegible]治
詩行三癸丑年九月二十六日生乙酉鄉試三十四名會試一百十四名

廷試三甲九十七名　戶部觀政

曾祖賢（庠生）

祖宗儒

父熈寧（恩壽）

母邢氏

具慶下

兄選　考

弟擢（庠生）　遷　陞

娶王氏　子虛我　謙我

邢懋敬

貫湖廣黃州府黃梅縣軍籍國子生字一卿號蘭室治詩行
三癸丑年十月二十三日生丙子鄉試五十三名會試三百十九名

廷試三甲一百五十九名　吏部觀政

曾祖纓（丁未進士監察御史陞[illegible]）

祖寰（戊戌進士禮科都給事中[illegible]）

父奎（丙午舉人德州知州）

母廖氏

嚴侍下

兄懋祖（太學生）　懋宗（庠生）

弟懋順（乙酉舉人）　懋學（乙酉舉人）　懋顯（廩生）

娶艾氏　繼娶陳氏　子士俊（庠生）　士志　士美

水卿謨 貫浙江寧波府鄞縣民籍學生字禹陳號海若治易行七癸丑年十月二十六日生壬午鄉試八十三名會試一百九十二名

廷試三甲一百十一名 吏部觀政

曾祖鉊

祖朙佩 福建布政司理問

父承憲 侍養生員

母紀氏

具慶下 娶周氏 繼娶董氏 子相偁

貲必興 貫河南汝寧府崇府群牧所籍直隸海門縣人府學生字[illegible]號海門治詩行一癸丑年十一月初七日生 鄉試六十五名會試一百十一名

廷試三甲一百三十五名 刑部觀政

曾祖麒

祖寶

父忠

母唐氏 繼母霍氏

具慶下 娶[illegible]氏 弟亦興 子明楨 明棟

李元實 貫湖廣荊州府監利縣軍籍國子生字士貞號予宇治易
行一癸丑年十二月初一日生丁卯鄉試八十九名會試四十七名
都察院觀政
廷試二甲四十六名
曾祖佣 贈奉政大夫工部都水司郎中
祖夢祥 進士知府
父桃 舉人
弟嘉實
母張氏
娶王氏 子逢時 庠生
慈侍下

閔遠慶 貫浙江湖州府烏程縣軍籍學生字基厚號寧臺治春秋行三癸丑年十二月二十七日生壬午鄉試五十一名會試七十名
都察院觀政
廷試三甲二百三名
曾祖珪 [illegible]
祖閧 封兵馬[illegible]
兄延慶 庠生 德慶 教諭 大慶 寶慶 有慶 允慶 布政司[illegible]
父寡 監生
弟弘慶 光祿寺署丞 偉慶 監生 道慶 庠生 友曾 監生
母潘氏
弟與慶
慈侍下
娶嚴氏 子振曾 振業

劉三英

貫山東兗州府濟寧州民籍學生字邦彥號醒我治易行二甲寅年正月初一日生乙酉鄉試二十六名會試三百二十名

廷試三甲三十九名　刑部觀政授直隸成安縣知縣

曾祖烑

祖鉉

父允中貢生

前母蘭氏　母李氏

兄三顧貢生　三奇庠生

弟三俊己卯舉人　三槐

嚴侍下　娶時氏　子徹慶　祚慶

王立賢

貫山西儀衞司校籍國子生字聘卿號鑑華治禮記行三甲寅年正月十二日生丙子鄉試十一名會試三百二十三名

廷試三甲一百十二名　戶部觀政

曾祖清

祖相庠生

父佐

前母郝氏　母孫氏

兄尚賢　用賢　進賢　志賢庠生

弟舉賢　思賢　大賢

永感下　娶李氏　繼娶馮氏　張氏　子元灝　元熲

林茂桂 貫福建漳州府漳浦縣鎮海衛軍籍國子生字德芬號丹臺治詩
行一甲寅年正月十七日生癸酉鄉試二十二名會試四名
廷試二甲十名 刑部觀政授直隸深州知州

曾祖泗 壽官
祖欽
父海
母鄭氏繼母徐氏
具慶下
兄雲龍 丙子經魁 茂相 茂榕
弟茂楠 茂梓 茂栻 茂椒 茂梗 茂桃 茂枌
娶徐氏 子曦啓 暾啓

林欲廈 貫福建泉州府晉江縣民籍河南睢州學正字從與號隆南治易
行一甲寅年正月二十三日生庚午鄉試八十四名會試一百四十三名
廷試二甲六十名 工部觀政

曾祖貽儀 壽官
祖山 庠生
父藍萌 己卯生
母陳氏
嚴侍下
兄清源 有柱 有檝 清流 懋 鎮生
弟有椒 生員 欲纂 有楨 生員 欲樹 欲簡 欲鑵 欲檜 肇符 生員 欲橙
娶蔣氏 繼娶陳氏 子華國 華圖 華國

張允升

貫陝西漢中府南鄭縣民籍增廣生字大猷號吉菴治書行一
甲寅年二月十九日生庚午鄉試八名會試一百七十七名
戶部觀政 授四川成都府推官
廷試三甲十七名
曾祖振 庠生 旌表
祖士元 鄉飲 耆賓
父佳 生員
母馬氏
具慶下
弟允修 生員
娶葉氏
子約 緒

龔道立

貫直隸常州府武進縣軍籍國子生字應身號脩吾治詩行四甲
寅年二月二十五日生癸酉鄉試七十四名癸未會試二百五名
戶部觀政
廷試二甲六十六名
曾祖大有 守長陵衛 加察御史
祖濟民 引禮 舍人
父曰敬 知州
前母孫氏繼母湯氏生母楊氏
兄道衡 國子生 道通 道遠
弟道高 庠生 道遇 道脩 道偉 道麟 庠生 道廉 道悳 道備 道基 道成
慈侍下
娶吳氏
子可宗

周嗣哲 貫直隸蘇州府吳縣衛籍學生字宇明號震源治易行三

甲寅年三月初四日生癸酉鄉試七十一名會試六十八名

廷試三甲二百二十九名兵部觀政

曾祖美

祖宗海

父鏞　兄孔時　孔昭監生　嗣緯庠生

母朱氏　弟孔明　嗣彥

嚴侍下　娶李氏　繼娶陳氏　子繼芳　繼芬

張應鳳 貫直隸大名府元城縣民籍學生字于梧號鳴山治詩行

二甲寅年七月二十五日生乙酉鄉試六十八名會試二百四十一名

廷試三甲二百七十七名吏部觀政

曾祖文

祖威庠生

父朝綱知縣　兄應龍丁卯舉人

母允氏　弟應蟾

永感下　娶薦氏　繼娶李氏　子明遠　行遠　道遠

劉曰梧 貫江西南昌府南昌縣民籍學生字陽生號手陽治詩行八
甲寅年八月十五日生乙酉鄉試九名會試六十六名
廷試三甲一百三十六名工部觀政
曾祖伯祥
祖廷敏
父仕漸 儒官
前母姚氏 母徐氏
永感下
兄曰材 陝西左布政使 曰桓 曰栻 曰楠 曰㮒 刑部主事 曰樟 舉人 曰楹
弟曰桴
娶王氏 繼娶 氏

甯嘉猷 貫河南歸德府考城縣民籍學生字君猷號屏穀治詩行一
甲寅年八月二十一日生乙酉鄉試十名會試二百八十七名
廷試三甲二百六十五名 刑部觀政
曾祖璉 鄉賓
祖汝孝 義官
父南 壽官
母焦氏
具慶下
兄嘉禎
弟嘉會 貢士 嘉興 嘉慶 嘉逢
娶孫氏

朱誥 貫河南南陽中護衛軍籍國子生字巽甫號青泠治書行

一甲寅年八月二十六日生己卯鄉試五十名癸未會試三百三十八名

廷試三甲一百七十七名戶部觀政

曾祖岳

祖紀

父善 壽官

母王氏 繼母謝氏 弟諭 引禮官 詔

具慶下 娶張氏 繼娶胡氏 子運昌 生庠 運明 運泰

傅慶貽 貫福建泉州府南安縣軍籍國子生字有積號積所治易

行二甲寅年九月初四日生丙子鄉試八十八名會試四十一名

廷試三甲二十八名 通政使司觀政 授廣東番禺縣知縣

曾祖泰

祖裕 生員

父以賢 生員 兄履禮 庚辰進士 [illegible] 履約 經歷 履重 庚午舉人 履階 同榜進士 典貽

母林氏 弟哲貽 賚弼 維鑒 賚佐 賚卿

慈侍下 娶周氏 子命爵 命玉 命綬

張時脩

貫山西平陽府蒲州匠籍國子生字德甫號心齋治易行
二甲寅年九月十三日生己卯鄉試三十七名會試三百三十名

廷試三甲一百二十五名　大理寺觀政

曾祖舒

祖儒林

父相　　兄時達

母樊氏　　弟時敏　時措　時盛

慈侍下　　娶王氏　子承德　承業　承芳

林守信

貫錦衣衛官籍浙江台州府太平縣人國子生字士孚號成齋
治詩行二甲寅年九月二十七日生庚午順天鄉試一百三十一名會試二百三十名

廷試三甲二百十一名　戶部觀政

曾祖欒 錦衣武略將軍[illegible] [illegible]大夫光祿寺卿

祖鵬 [illegible] [illegible]大夫

父悅 [illegible]陽府知府 致仕

嫡母劉氏 封宜人　　兄守爵 錦衣百戶

生母郭氏　弟守庶 冠帶舍人　守節　守倫

嚴侍下　　娶吳氏　子逢春　先春　長春　登春

李守貞 貫直隸真定府定州民籍國子生字原智號涵一治詩行五甲寅年九月二十九日生己卯鄉試一百十四名會試二百九十名

廷試三甲二百五十八名戶部觀政

曾祖輝散官

祖鏜主簿

父楫　　兄守謙　守經生員　守誠　守信

母墨氏　生母方氏

永感下　　娶顧氏　子蕭　藻　蔭

曹光祚 貫直隸大名府內黃縣民籍滑縣人學生字伯延號胤從治春秋行一甲寅年十月二十日生癸酉鄉試二十三名會試一百二十六名

廷試三甲八十五名　兵部觀政

曾祖奉

祖恩

父子政

母許氏

具慶下　　娶郭氏　繼娶杜氏　王氏

曹代蕭 貫河南歸德府商丘縣民籍學生字書一號苔岸治詩
行一甲寅年十一月十四日生乙酉鄉試六名會試二百三十九名
廷試三甲二百八十名　吏部觀政

曾祖廸
祖虎
父楫冠帶生員
母陳氏
具慶下

弟如蕭　守蕭
娶蘇氏　子奎明　亢明

蕭重望 貫貴州思南府籍江西南昌府豐城縣人學生字仰卿號劍
斗治詩行一甲寅年十一月二十日生乙酉鄉試一名會試二百三十七名
廷試三甲二百八十二名　刑部觀政

曾祖太紋
祖傳
父亮
前母田氏　母劉氏
慈侍下

弟碩望
娶朱氏　子人睽　惟睽

吳尚友

貫江西九江府湖口縣軍籍國子生字元德號盐齋治書行十甲寅年十二月初二日生己卯鄉試十九名會試二百八十四名

廷試三甲一百四十九名 兵部觀政

曾祖璒

祖仲鎮

父伯潮

嫡母施氏 生母沈氏

慈侍下

兄尚仁 尚鳳 尚武 尚義

弟尚忠 尚實庠生

娶王氏 子本稷 本周

蘇舜臣

貫福建泉州府晉江縣民籍國子生字哲甫號心竹治易行一甲寅年十二月初十日生庚午鄉試七十八名會試二百四十五名

廷試二甲六十五名 吏部觀政

曾祖瑞麒

祖常

父宗璽[illegible]人通判

母郭氏

慈侍下

兄濬丁丑進士浙江提學僉事 堯臣

弟夔臣生員 益臣監生 志契 志皐 大謨

娶洪氏 子士昌生 士脩 士楨

秦鄰晉 貫陝西西安府渭南縣民籍學生字汝睦號道吾治詩
行一甲寅年十二月十四日生壬午鄉試三十五名會試二百十二名
廷試三甲一百三十一名 禮部觀政
曾祖愷 義官
祖漢 生員
父自省 壽官
母李氏
具慶下
弟成晉
娶辛氏 子士振

錢士鰲 貫浙江杭州府錢塘縣民籍國子生字季梁號蘗屏治
易行五乙卯年正月初六日生壬午鄉試十六名會試三百十四名
廷試二甲四十四名
工部觀政
曾祖祺
祖玨
父瀌 壽官
母孫氏
慈侍下
兄雲鰲 夢鰲 知縣 起鰲 仲鰲
娶鄭氏 子兆元 兆科

康夢相 貫江西吉安府泰和縣民籍學生字予齋號肖野治易

行二乙卯年正月十四日生丙子鄉試八十八名會試二百三十名

廷試二甲六十六名 吏部觀政

曾祖德濬 義官

祖廷壽

父煥亨

母蕭氏 繼母羅氏 楊氏

嚴侍下

兄夢桂 廩生

弟夢松 夢梓 夢梧

娶楊氏 繼娶蕭氏 子士驥

王鑾土 貫山東東昌府朝城縣軍籍學生字以慶號小筠治詩

行一乙卯年正月二十四日生丙子鄉試六十一名會試二百九十三名

廷試三甲二百七十二名 吏部觀政

曾祖禮 知縣

祖瑀 生員

父之治 生員

母尹氏 累表節婦

永感下

弟鑾圭 鑾封 俱生員 鑾寺 鑾圻

娶張氏 繼娶張氏 子篆流 簪流 笈流 筌流

林繼衡 貫福建福州府長樂縣民籍學生字惟中號對江治詩
行六乙卯年二月十六日生乙酉鄉試二十三名會試二百四十七名
廷試三甲五十八名 都察院觀政授廣東增城縣知縣
曾祖宗澤
祖孔成
父子大 兄繼賢
母凌氏 弟繼勳生員 繼高 繼忠生員 繼亮增廣生 繼豪 繼京
永感下 娶陳氏 繼娶薛氏 子鳴祐

李沂 貫湖廣武昌府嘉魚縣站籍國子生字景魯號太清治
詩行七乙卯年三月初三日生癸酉鄉試八十四名會試二百六十五名
廷試三甲八十六名 刑部觀政除翰林院庶吉士
曾祖承聰
祖愛
父寶愈 兄渭 漢 瀾 湛 泓 溥
母周氏 繼母高氏 弟汶 淶庠生
具慶下 娶任氏 子宙標 宙極 宙樞

王都　貫山東東昌府臨清衛官籍州學生字邦畿號琴川治詩行一乙卯年三月二十三日生壬午鄉試六十名會試二百九名
廷試三甲一百三十九名　都察院觀政授直隸大名府推官
曾祖英千户
祖崙縣丞
父雍熙教官　兄璽　境武舉　一元
母陳氏　甄氏　黃氏　弟至　陛　臺生員　永年
具慶下　娶張氏　子胤登　胤第

余炶　貫浙江嚴州府遂安縣民籍學生字體易號義河治易行二乙卯年三月二十七日生癸酉鄉試六十二名會試二百八十六名
廷試三甲二百二十四名　吏部觀政
曾祖頡
祖琛
父材　兄乾亨知縣　乾貞御史　烱貢士　燦生員　熜
母章氏　弟美　學　文舉人
永感下　娶方氏　子金城　金垣

楊光訓 貫陝西西安府渭南縣民籍國子生字汝若號華端治
禮記行一乙卯年四月二十一日生癸酉鄉試十名會試五十六名
廷試三甲二十五名 工部觀政擢四川南充縣知縣
曾祖惠 主簿
祖鵬 庠生
父國富 儒官
母張氏
具慶下 娶裴氏 繼娶李氏 子攀

曾大咸 貫湖廣荆州府江陵縣民籍增廣生字元和號翼野治
書行六乙卯年六月二十四日生壬午鄉試七十一名會試二百三十二名
廷試三甲一百七十二名 通政使司觀政
曾祖琇
祖炳
父文斗 生員 兄大濩 生員 大章 衛輝府司訓 大夏 增生 大雅 大淵
母徐氏
慈侍下 娶朱氏 子國梅 國昕 國琛 國成 國[illegible]

王建中 貫浙江嘉興府平湖縣民籍學生字銘新號寰雨治
書行一乙卯年七月十一日生丙子鄉試二名會試十三名
廷試三甲一百六十四名兵部觀政授行人
曾祖端
祖堂
父言
母陳氏 弟拱極生員 建元 建藩 建昇
具慶下 娶莊氏 子墀獻 墀奏 墀贊

劉大文 貫山東東昌府博平縣軍籍國子生字敬甫號彬予治
易行五乙卯年八月十六日生己卯鄉試四十七名會試一百八十七名
廷試三甲二百二十一名 通政使司觀政
曾祖資
祖欒
父尚德省祭官
母李氏 弟大武癸未進士兵部武選司主事 大典 大訓
具慶下 娶張氏 繼娶周氏 子爾偉 爾僑

蔡淋達 貫直隸廬州府合肥縣匠籍縣學生字子正號雲衢治書
行一乙卯年八月二十八日生壬午鄉試六十六名癸未會試三百十一名
廷試三甲六十一名 大理寺觀政授浙江上虞縣知縣

曾祖禋
祖廷璲
父恕 生員
母方氏 弟淋度 淋大 淋向 淋達 淋時
永感下 娶張氏 子照

陸應川 貫江西南昌府豐城縣軍籍國子生字汝濟號鍾符治
易行七乙卯年九月初七日生癸酉順天鄉試三十三名會試五十名
廷試三甲五十七名 工部觀政授直隸吳縣知縣

曾祖德良
祖佇佐
父淋 生員 省祭
母楊氏 繼母黃氏 兄應羚 增廣生 弟應銓 廩生
慈侍下 娶胡氏 子儁卿 保卿 仁卿

張時顯 貫江西建昌府南城縣軍籍縣學生字仁卿號新屏治書行九十一乙卯年九月二十日生庚午鄉試五十名會試二百五十七名

廷試三甲九十名 都察院觀政

曾祖顒

祖信

父端 庠生封刑部主事

母章氏 封安人

嚴侍下

兄時亨 甲戌進士刑部主事 時泰 舉人

弟時豫 舉人 時康 廩生

娶丁氏 子紹文 紹登

于天經 貫山東東昌府冠縣民籍縣學生字克孝號叙吾治詩行一乙卯年十月初二日生壬午鄉試六十九名會試三百六名

廷試三甲三十二名 戶部觀政授山西陽曲縣知縣

曾祖興

祖安

父淵 耆賓

母蔣氏

具慶下

娶匡氏 子我肖 我似

陳道亨

貫江西南昌府新建縣民籍學生字孟起號蠡源治易
行五二乙卯年十月十九日生壬午鄉試六十七名會試二百四十三名
廷試二甲四十名
兵部觀政
曾祖吉
祖標
父瑞儀賓
兄㮚　禮　柱　相　材
前母浙江郡君　母袁氏
具慶下
娶劉氏

徐堯華

貫直隸安慶府潛山縣民籍學生字汝聘號賔嶽治詩
行二乙卯年十一月初二日生丙子鄉試二十三名會試一百六十四名
廷試二甲二十七名
戶部觀政
曾祖仲鏞
祖偉
父杲生員
兄堯善
母劉氏　繼母劉氏
弟堯思　堯年　堯中生員　堯臣
具慶下
娶丁氏
子顯遜　顯俶　顯人

任道學 貫四川重慶府忠州民籍國子生字用予號養吾治詩行

一乙卯年十二月初八日生丙子鄉試四十名會試九十六名

廷試三甲二百五十六名吏部觀政

曾祖俊　兄道遠　道統俱生員

祖仲賓　弟道充生員　道成　道可

父鉞壽官　娶張氏　繼娶郭氏　子志伊生員　志曾　志卑　志夔　志顏

母楊氏

永感下

張應槐 貫浙江金華府浦江縣民籍國子生字汝植號三陽治詩行

八十乙卯年十二月二十一日生壬午應天鄉試一百十三名會試二百二十名

廷試三甲二百九名 禮部觀政

曾祖文杞

祖孟暄　兄應麟貢生　應岳　應冢監生　應雷增生　應騶監生　應桂庠生　應沛監生

父元正　弟應棟監生　應化乙酉舉人　應潞監生　應茂　應光知州　應澤

母趙氏　應亳庠生　應莊庠生　應曾庠生

慈侍下　娶盧氏　子一部　一夏　一漢

蕭奇休 貫福建興化府莆田縣民籍學生字懋揚號師庭治書
行六丙辰年正月十四日生乙酉鄉試六十六名會試一百六十七名
廷試二甲一百五名 工部觀政

曾祖儼
祖文燁
父燃 [illegible] 知
母呂氏 封孺人
慈侍下

兄奇勳 癸丑進士 戶部員外 奇烈 奇照 貢 儒士 奇熊 甲子舉人 永昌同知 奇熙
弟奇烽 奇熠 貢 儒生 奇煜 奇炒[?] 奇煥 奇焴 奇杰
奇燦 貢生 奇煒 奇輝
娶李氏 子維全 維玉 維聖

江鍾廉 貫四川順慶府南充縣民籍學生字介季號宷維治春秋
行四丙辰年正月十七日生乙酉鄉試三名會試三百四十六名
廷試三甲四十一名 工部觀政 授直隸吳江縣知縣

曾祖[illegible]
祖宗[illegible]
父僑 [illegible]
母陳氏
永感下

兄鍾奇 庠生 鍾彥 庠生
弟鍾俊
娶王氏 子緯世 紀世 給世 綦世

彭錫命 貫江西臨江府新淦縣民籍學生字君寵號憶岡治易行四丙辰年二月初二日生壬午鄉試五十名會試九十九名

廷試三甲一百四十三名 吏部觀政

曾祖斐彬

祖質粹

父鶴

母楊氏

慈侍下

弟錫位庠生 錫祿

娶楊氏 子如珪 如璋 如璵 如璉 如珂

唐文獻 貫直隸松江府華亭縣匠籍國子生字元徵號抑所治詩行[illegible]丙辰年二月初七日生乙酉順天鄉試四十七名會試一百四十九名

廷試一甲一名 授翰林院修撰

曾祖珉

祖濱歲貢授布政司都事

父數錫

母劉氏

永感下

兄文燈 文燭 文熟見例儒官 文勲 文烈 文熹 文然俱生員

文濤

娶顧氏 子允恭 允執 允璧

三

侯廷珮 貫陝西寧夏衛籍附學生字長德號泰和治書行一丙辰年三月十二日生丙子鄉試六十名會試三百四十名

廷試三甲一百七名 都察院觀政

曾祖繼因

祖源壽官

父完

母陳氏 弟廷玉生員

永感下 娶孟氏 子唐

魏堯年 貫直隸蘇州府崑山縣民籍學生字欽甫號昭涇治易行一丙辰年三月十七日生乙酉鄉試三十六名會試六十名

廷試三甲二百十四名 兵部觀政

曾祖奇[illegible]大夫應天府府尹

祖鄒[illegible]縣丞

父悑喆兩浙通判

母顧氏 弟舜年庠生 文年國子生

永感下 娶梁氏 子汝益 汝皋 汝望 汝禁

張斗

貫直隸徐州沛縣民籍學生字文光號紫垣治易行一丙辰年三月二十日生丙子鄉試八十九名會試三百一名

廷試三甲二百五十七名　吏部觀政

曾祖鵬

祖吉

父審

母安氏

弟奎

娶王氏

鄭舉

貫四川成都府成都縣民籍學生字甫用號岷陽治詩行四丙辰年四月十一日生乙酉鄉試二十九名會試二百六十七名

廷試三甲二百六十六名　工部觀政

曾祖洪壽官

祖相庠生

父禮

兄乾　伯　邦

母王氏

永感下

娶馬氏

子為垣庠生　為楨　為屏　為京　為都

章憲文

貫直隸松江府華亭縣匠籍附學生字公觀號鹿苑治詩行一丙辰年四月十六日生乙酉鄉試一百十三名會試七十五名

廷試二甲五十八名 刑部觀政

曾祖翰

祖斐

父雲鳳

母黃氏

具慶下

弟懋文 生庠 惠文

娶董氏 子台鼎 生庠 台鉉 台垣

趙家相

貫四川重慶府巴縣民籍增廣生字熙載號晴峹治書行一丙辰年五月初三日生壬午鄉試二十一名會試二百二十七名

廷試三甲二百四十九名 刑部觀政

曾祖文林 膳紀

祖圭

父于民 巳酉舉人

母劉氏

慈侍下

弟家弼 家鼎

娶游氏 子懐燕 懐慎 懐格

許汝魁

貫江西九江府湖口縣民籍附學生字直甫號仰亭治春秋行九丙辰年六月二十五日生丙子鄉試三十名會試一百四十名

廷試三甲二百四十五名禮部觀政

曾祖浩 義民官

祖仲信 歲貢任慈谿主簿

父鍾靈

母饒氏

慈侍下

兄汝器 汝楫 汝權

娶梅氏 子煌 焯 烟 燉 燦

延論

貫山西太原府平定州民籍學生字元訥號慕竹治書行一丙辰年六月二十八日生丙子鄉試十八名會試二百七十名

廷試三甲一百八十五名工部觀政

曾祖鶴年 散官

祖鐩 貢生

父世爵 儒官

母葛氏

慈侍下

兄談

弟讃 計

娶郝氏 子國作 國禩

曾光魯 貫福建興化府莆田縣匠籍湖廣桂陽州學正 字子魯 號潛
守治詩行六丙辰年七月廿九日生丙子鄉試八十三名會試三百四十一名
廷試三甲九十六名 戶部觀政
曾祖孟貞
祖泰 布政司司獄
父文盾 兄洋 省祭官 海 省祭 泗 澤 省祭 應雷 舉人 [illegible]
前母吳氏 母林氏 弟光源 潮 淮
永感下 娶鄭氏 子鍊 鎬 銳

吳文燦 貫順天府東安縣籍江西德化縣人國子生 字元質 號涵初
治易行一丙辰年七月二十九日生癸酉鄉試七十七名會試一百二十二名
廷試三甲二百七十一名 大理寺觀政
曾祖淮 錦衣衛正千戶
祖楚
父樞
母陸氏 繼母莫氏 庶母馮氏
重慶下 娶鄒氏 子從善

李維標 貫湖廣承天府景陵縣民籍學生字本立號大瀛治詩行四丙辰年八月初十日生丙子鄉試三十名會試七十八名

廷試二甲五十五名 兵部觀政

曾祖玨

祖景瑞 封河南布政司參議

父淋 廣西布政司右布政予告致仕崇祀鄉賢

前母王氏累贈夫人 母彭氏累封夫人 [illegible]匡氏 梁氏

兄維楨 河南布政司右參政 維極 巳卯舉人 維桂 同科舉人

弟維楫 學生

慈侍下

娶陶氏 子管文 管武 管龍 管虎

趙鍾岷 貫四川敘州府富順縣民籍國子生字望甫號念莪治詩行一丙辰年八月十五日生丙子鄉試十五名癸未會試二百十一名

廷試三甲三十八名 刑部觀政 授浙江錢塘縣知縣

曾祖大倉

祖祐

父嘉猷 監生

兄鍾霖

母鄭氏 繼母婁氏 江氏 弟鍾霍

永感下

娶熊氏 繼娶金氏 子履泰 延泰 承泰

王之翰 貫山東青州府蒙陰縣軍籍學生字季楨號寓宇治詩行三丙辰年八月二十二日生壬午鄉試四十四名會試一百二十名

廷試三甲一百三十名 禮部觀政

曾祖頂

祖談壽官

父崇壽官 兄之賓生員 之臣歲貢 之卿 之相 之輔俱生員

母劉氏 弟之佐 之屏生員 之俊 之綱 之紀

具慶下 娶苗氏 子鎮 鑑 銓 錦

吳中明 貫直隸徽州府歙縣軍籍學生字知常號左海治書行二丙辰年九月初五日生壬午鄉試十三名會試一百五十七名

廷試三甲八十四名 兵部觀政

曾祖裕芳

祖球

父岩達 本生父岩通 兄中周

母孫氏 本生母戴氏 弟中翰 中俊 中春

重慶下 娶曹氏 子尚正 尚誠 尚和

倪思益 貫福建福州府侯官縣民籍福建建陽縣教諭字安卿號謙菴
治春秋行九丙辰年九月十四日生丙子鄉試六十五名會試二百六十八名
廷試三甲八十八名 工部觀政
曾祖璣
祖鍾
父綰 生員 兄思兆 思淳 生員 思泰 思永 思臯 俱生員 思述 思周
母徐氏 弟思敏 思亮 思翊 應鶴 俱生員 思亨
具慶下 娶陳氏 繼娶楊氏 子廷範 廷輔 廷漸 廷軒

曾礪 貫山東濟南府陽信縣民籍學生字守鈍號石甫治詩行
二丙辰年九月十六日生丙子鄉試三十六名會試一百三十四名
廷試三甲一百六十八名 工部觀政改翰林院庶吉士
曾祖紳 鄉大賓
祖顒 庠生
父若無 生員 兄確 生員
母劉氏 繼母鄒氏 弟礬 礎
嚴侍下 娶田氏 子明昌 明晟

張輔之　貫直隸蘇州府太倉州民籍國子生字爾贊號容宇治

易行一丙辰年九月二十一日生巳卯鄉試六十九名會試六十五名

廷試三甲八十一名　禮部觀政

曾祖尤立
祖鯨
父仲
母方氏　弟翼之
具慶下　娶孫氏　子洪　瀚

傅道統　貫福建泉州府晉江縣民籍國子生字寅脩號承宇治
詩行一丙辰年十月初一日生巳卯鄉試四十五名會試二百十五名
廷試二甲六十四名　大理寺觀政
曾祖泐
祖天麟、[illegible]
父宗炷　弟道紀增廣生　道紳　道紝　道立　道程　道乾
母陳氏　繼母朱氏　道經　道朱　道南　道贊　道緯
嚴侍下　娶黃氏　子作弼　賚弼

郭如魯 貫陝西西安府同州朝邑縣軍籍山西平遥縣教諭字唯一
號得吾治書行二丙辰年十月初七日生癸酉鄉試十五名會試四十五名
廷試三甲二百四十六名 兵部觀政
曾祖寬
祖潤
父廷璋生員 兄如愚生員
前母雷氏 母孟氏 弟如晦
慈侍下 娶樊氏 子維垣 維屏 維寧俱生員

顧龍禎 貫直隸常州府無錫縣民籍國子生字翼卿號驤宇治
詩行二丙辰年十月三十日生己卯鄉試六名會試二百十八名
廷試三甲八十三名 禮部觀政
曾祖廷玉封典簿
祖彥夫府同知
父大心生員 兄麟禎廩生
母楊氏 弟應禎 鳳禎
具慶下 娶黃氏

高進孝

貫河南衛輝府獲嘉縣軍籍國子生字遂忠號可齋治書行一丙辰年十一月初六日生癸酉鄉試二十一名會試二百七名

廷試三甲一百五十一名 刑部觀政

曾祖璽

祖玄

父魁 壽官

母李氏

慈侍下

娶王氏 繼娶羅氏

褚國賢

貫直隸常州府武進縣軍籍學生字徵美號慎菴治禮記行五丙辰年十二月二十一日生癸酉鄉試二十七名會試七十七名

廷試三甲三十七名 兵部觀政 授浙江江山縣知縣

曾祖思智

祖景

父淵 恩例儒官 鄉飲大賓

母湯氏 生母龐氏

具慶下

兄棟 甲戌會士 庚辰廷試今任臨安知縣 國祥 庚辰進士見任滿城知縣 國瑞 國榮 庠生

弟國正 國補

娶白氏 子泰生 女生

吳崇禮 貫山東兗州府寧陽縣軍籍增廣生字彬卿號節菴治書行一丁巳年正月初四日生己卯鄉試三十二名會試二百四十名

廷試三甲一百二十四名 通政司觀政授山西蒲縣知縣

曾祖仲純生員

祖道東鄉賓

父鳴時壽官

母袁氏 繼母崔氏

具慶下

兄崇謙

弟崇義 崇美生員 崇功 崇光 崇元 崇保 崇大

娶王氏 子以詢

劉道隆 貫湖廣承天府潛江縣民籍學生字鸞原號起南治書行三丁巳年正月十四日生乙酉鄉試八十一名會試三十六名

廷試三甲五十九名 都察院觀政授直隸江都縣知縣

曾祖綠知縣

祖文臣

父洧

母李氏

慈侍下

兄道大 道東 道性俱生員

弟道盛壬午舉人 道軌 道純 道一 道輝 道裕

娶郭氏 子蓀

方元彥

貫山東東昌府臨清州民籍直隸徽州府歙縣人學生字士美號仰陽
治易行二丁巳年正月十九日生壬午鄉試二十六名會試二百一名
廷試三甲四十四名　通政司觀政擢浙江金華縣知縣

曾祖祐 壽官
祖鉞
父良儒 恩例冠帶　兄元煥 丁酉舉人　元德 儒士　元脩 恩貢知縣今任慶陽教授　士榮 庠生
母程氏　弟元立　元善
嚴侍下　娶程氏　子文華

龔文選

貫四川重慶府長壽縣民籍學生字時舉號相宇治易行
一丁巳年正月二十八日生乙酉鄉試六十三名會試二百六十九名
廷試三甲五十三名　兵部觀政授直隸金壇縣知縣

曾祖紹錦
祖宸
父應華
母張氏　繼母許氏
具慶下　娶汪氏　子繼遂　緝遂　緖遂　承遂　嗣遂

楊遇
貫順天府東安縣民籍浙江杭州府仁和縣人國子生字惟之[illegible]
浚湖治易行三十己年二月初十日生丙子鄉試九十七名會試二百五十八名
廷試三甲一百二十九名 戶部觀政
曾祖沖 教諭
祖應麟 舉人左長史
父文化 納級上林苑監丞
嫡母馬氏 生母王氏
兄選 生員 遷 承差 龍 生員 桂 勲
弟週 廉 達 遜 通
具慶下 娶于氏 子春 和

孫繼有
貫浙江紹興府餘姚縣匠籍學生字[illegible]號姚岑治書行
三丁巳年二月二十八日生乙酉鄉試十三名會試五十二名
廷試二甲一百二名 刑部觀政
曾祖浩 官[illegible]
祖茲
父祖孝 庠生
母潘氏
兄繼上 繼達
弟繼光 繼采
永感下 娶周氏 子枝茂 枝芳

陳大道
貫湖廣襄陽府光化縣民籍國子生字靖卿號惺宇
治詩行三丁巳年二月二十四日生己卯鄉試八十八名會試二百五十名
廷試三甲二百六十九名 都察院觀政
曾祖懋纘 壽官
祖正仁 大賓
父才
母胡氏 生母丘氏
慈侍下
兄大策 知縣 大猷 庠生 大忠
娶徐氏 繼娶胡氏
子光先 揚先 篤先

陳容淳
貫湖廣德安府應城縣官籍國子生字之初號還樸治
書行五丁巳年三月二十日生庚午鄉試二十四名會試六十一名
廷試三甲十二名
都察院觀政 授行人司行人
曾祖鍊 通判
祖蒿 壽官
父德隣 封知縣
嫡母寇氏 生母唐氏 繼母程氏
嚴侍下
兄條 見任知州 容雅 容雝 容穆 容清 俱庠生
弟容羅 容龢 容燁 俱庠生 容春 容諧 容脩 容慎 容熔 容濤 容碗
娶王氏
子封虞 尉虞 尌虞

王嘉賓 貫直隸滁州來安縣民籍國子生字國賢號廷石治[illegible]
行一丁巳年三月二十五日生己卯鄉試七十八名癸未會試三百三十六名
廷試三甲二百四名 都察院觀政
曾祖安 舉人
祖徽 貢士贈刑部主事
父可久 庠生
母盛氏 繼母張氏
弟嘉善 [illegible]生 嘉言 王府引禮生 嘉謨 指揮 心純 庠生
慈侍下
娶孫氏 子體乾

浦士衡 貫直隸蘇州府太倉州匠籍國子生字敬卿號襟海治詩
行五丁巳年三月二十七日生壬午鄉試六十四名會試二百二十三名
廷試二甲二十四名 刑部觀政
曾祖堂 散官
祖曰規 國子生
父曰源 州判儒官
母周氏 歸氏
兄士曾 庠生 士省 士敏 庠生 士及 監生
弟士忠 乙酉舉人 士觀 士克 庠生 士諤 士脩 士雍 監生 士端 士順 監生
具慶下
娶周氏 繼娶王氏 子光徹

吳道光 貫浙江紹興府餘姚縣軍籍附學生字孚伯號昌鑄治易行一丁巳年四月十八日生壬午鄉試十四名會試七名

廷試二甲三十五名 禮部觀政

曾祖敘 成化甲辰進士知府

祖衢

父必述

母韓氏

具慶下 娶徐氏 子兆元

屈燦 貫陝西西安府蒲城縣軍籍國子生字文斗號昌衢治禮記行一丁巳年四月二十四日生丙子鄉試十名會試二百四十二名

廷試二甲三十八名 禮部觀政

曾祖銓 兵科給事中

祖[illegible] 貢士 [illegible]指揮

父桂 生員

母王氏

[illegible]侍下

弟熫 生員 爌 爀

娶雷氏 允陛 自陛 必陛

吳應明 貫直隸徽州府歙縣民籍國子生字仲卿號懷溪治易行三丁巳年五月十五日生己卯鄉試九名會試三百四十四名

廷試三甲二百十名 戶部觀政

曾祖祖信

祖尚忠

父尚瓚

母余氏

慈侍下

兄應安 應聘生員

弟應實 應曙 應期監生 應朝 應聰 應朋 應昕 一新乙酉舉人

娶黃氏 繼娶洪氏 子應賜 應賢

汪應泰 貫山東東昌府臨清州民籍直隸廬州府無為州人學生字爾通號和學治詩行二丁巳年六月初六日生己卯鄉試五十名會試二百八十五名

廷試三甲二十六名 兵部觀政授浙江諸暨縣知縣

曾祖椿

祖琇

父明壽官

母鄭氏

永感下

兄應勝 應乾廩生

弟大順 大受生員 大度 大慶生員

娶葉氏 子伯鳳 仲鳳 叔鳳 季鳳

崔邦亮 貫直隸大名府東明縣民籍國子生字德嚴號際震治書
行一丁巳年六月十五日生己卯鄉試二十九名會試二百三十六名
廷試三甲二百十七名 工部觀政
曾祖文昶
祖紀
父世祿
前母王氏 母楊氏
慈侍下 娶張氏
弟邦采 邦奇 邦瑞生庠 邦佐
子廷桂

陳果 貫廣東廣州府新安縣竈籍國子生字稚碩號一陽治
詩行一丁巳年六月二十二日生丙子鄉試三十七名會試八名
廷試二甲六十一名 都察院觀政
曾祖進
祖英
父悧生員 兄典 則
嫡母吳氏 生母徐氏 弟縏 縶 綮
慈侍下 娶陶氏 子兆麟

王圖

貫陝西西安府耀州軍籍學生字則之號明石治詩行三丁巳年七月初三日生丙子鄉試一名會試五十九名

廷試三甲四十六名　吏部觀政改翰林院庶吉士

曾祖永寧 義官

祖宗仁

父邦憲 山東萊州府通判

前母曹氏贈孺人　母[illegible]氏贈孺人　生母党氏封孺人

重慶下

兄國 翰林院庶吉士南直隸提學御史文林郎　圖 己卯舉人

弟莘 庠生　園　海　寶

娶安氏　子淋　扑

尹從淋

貫四川叙州府宜賓縣官籍附學生字道傳號又方治詩行五丁巳年七月十五日生己卯鄉試六十四名會試一百八十八名

廷試三甲七十九名　吏部觀政授雲南保山縣知縣

曾祖省 指揮僉事贈明威將軍

祖武 指揮僉事封明威將軍

父守棟 勅封文林郎

母李氏 勅封孺人

嚴侍下

兄從教 庚辰進士授文林郎　從壽 指揮僉事加四級指揮同知　從今　從達 供武舉

弟從徵 庠生

娶丁氏　子浣　沆　沇

徐庭綬　貫江西廣信府上饒縣民籍學生字公綰號懷龍治書行

五丁巳年七月二十九日生己卯鄉試十五名會試七十四名

廷試三甲二百六十四名　刑部觀政

曾祖銓

祖文勝

父世寵 庠生

母葉氏

永感下

兄庭槐 知縣　庭竹 順天通判　庭吉　庭光

弟庭宰 庠生　庭詔 庠生

娶姜氏

子用敬 庠生　用政　用紀

趙思敏　貫山東登州府蓬萊縣民籍學生字學甫號嶼南治書

行一丁巳年八月初四日生壬午鄉試七十一名會試二百十六名

廷試三甲一百三名　刑部觀政

曾祖海

祖蘅

父深

母王氏

具慶下

弟思觀 庠生　思恭 增廣生　思泰 生員

娶劉氏

子德賦　德洪　德行

鄭瑞星

貫福建興化府僊遊縣民籍國子生治詩
行七丁巳年九月初四日生癸酉鄉試一十七名會試九十二名
廷試二甲三十名

曾祖儀中 訓導
祖文澄
父應梅
母謝氏
慈侍下

兄逢年 貢生 煇
弟景星 日新 庠生 日章 熠
娶李氏 子胤弘 胤瑜 胤鵬 胤虹

馬邦良

貫浙江杭州府富陽縣民籍學生字君遂號象湖治詩
行二丁巳年九月初一日生壬午鄉試七十一名會試五十七名
廷試三甲一百九名
大理寺觀政

曾祖珊
祖如龍
父守魁 貢生
母俞氏
具慶下

兄邦賢
弟邦孚 貢生 邦膺 邦模 邦屏 邦憲 邦楷 邦弼 邦式
娶俞氏 子國賓

江環 貫福建漳州府漳浦縣民籍附學生 字啓運 號晉雲 治詩

行三十 丁巳年九月初八日生 壬午鄉試五十四名 會試二百六十名

廷試三甲一百七十八名 禮部觀政

曾祖元森

祖本恭

父澄

母林氏

具慶下

兄瓏 珠

弟琯 璉 琮 珣 植 瑑 質 璫 琨

娶楊氏 子繼㢈

洪澄源 貫福建泉州府晉江縣民籍附學生 字子定 號鏡潭 治易

行一 丁巳年九月十一日生 癸酉鄉試八十八名 會試二百五名

廷試二甲五十九名 工部觀政

曾祖貴 以孫淵都轉運使

祖銳

父淵

母蔡氏 生母蘇氏

兄沁源 詞源 誠源

弟滙源 政源 治源 敎源 化源 武民 武相

瀲源 數源 淵源 瀛源 渭源 崑源

娶莊氏 子可棟 可㮾 可柱

董肇儀　貫應天府江寧縣民籍浙江台州府臨海縣人國子生字善柯
號里蒙治易行一丁巳年九月十一日生癸酉鄉試一百二十四名會試一百六十五名
廷試三甲二百七十三名吏部觀政

曾祖材 訓導
祖遂 庠生
父守緒 知縣
母錢氏
具慶下

弟傳儀　昌儀　輝儀　延儀　元儀 俱庠生
錫儀　天儀　安儀
娶李氏　子邦禮

張德明　貫浙江溫州府樂清縣民籍永嘉縣人學生字子經號毅
宇治書行二丁巳年九月二十六日生丙子鄉試六十八名會試三百十名
廷試二甲五十七名
刑部觀政

曾祖素 壽官
祖奎
父崇翰 社師
母林氏
具慶下

弟德威 庠生　守身 丙子舉人
娶柳氏　繼娶趙氏　子蓋卿　厚卿 俱庠生　直卿

王同休

貫福建泉州府晉江縣民籍國子生字搗甫號對廷治易

行二丁巳年十月十七日生己卯鄉試三十名會試一百三十五名

戶部觀政授刑部廣東司主事

廷試二甲五名

曾祖宸

祖紀 以伯子慎中貴封吏部員外郎

父惟中 辛丑進士南太僕寺少卿

母林氏 封安人 繼母倪氏

兄同讃 壬戌進士柳州知府 同度 同康 俱太學生 同言 庠生 同任 甲子舉人衢州推官

同庶 選貢監生 同文 同衣 俱縣庠生

弟同朝 同賡 同庶 俱縣庠生 同杲 同膺 同京

娶楊氏 繼娶黃氏 子士瑤 士璣 士璋

嚴侍下

林承芳

貫廣東廣州府三水縣民籍國子生字朗先號文峰治詩

行二丁巳年十月二十一日生癸酉鄉試六十五名會試二百六十二名

吏部觀政改翰林院庶吉士

廷試二甲二名

曾祖高 [illegible]部郎中

祖鍾 [illegible]知府

父喬 [illegible]

母黎氏

慈侍下

娶陳氏 子萬年 萬卷 萬里

葛孔明

貫浙江杭州府海寧縣民籍附學生字皓卡號瀛壺治易行三丁巳年十月二十九日生壬午鄉試六十六名癸未會試一百二十一名

廷試二甲五十四名 禮部觀政

曾祖孟暉

祖鵬

父志元

母姚氏

慈侍下

兄成明庠生

弟登明庠生 啓明 應明 浚明 自明 文明

娶吴氏 子徵賢 徵英 徵奇

黃道月

貫直隸廬州府合肥縣民籍國子生字德卿號古玄治書行二丁巳年十二月初四日生己卯鄉試七十名會試三十一名

廷試三甲二名 禮部觀政授中書舍人

曾祖賓

祖紀

父意省祭

母敖氏

嚴侍下

兄道年辛未進士四川漢州知州

弟道日監生 道時 道星監生

娶王氏 繼娶徐氏

留敬臣 貫福建泉州府晉江縣民籍山東濟寧州學正字懋德號明菴
治詩行四丁巳年十二月初十日生庚午鄉試四十七名會試二百四十六名
廷試三甲二百四十名 吏部觀政
曾祖川芳 [illegible]
祖志洲 布政使
父元徽 鹽運司經歷 兄簡臣 布政司總校 瑞臣 生員 明臣
母陳氏 弟震臣 甲戌進士刑部主事 世臣 侯門徵讀
慈侍下 娶劉氏 子士斗 士箕 士參

杜允繼 貫順天府霸州民籍學生字惟序號念齋治書行二
丁巳年十二月初十日生壬午鄉試五十九名會試二百三名
廷試三甲九十四名 吏部觀政
曾祖銘 戶部郎中
祖延齡
父華 [illegible] 生知縣
母張氏 兄允文 庠生 允繩 庠生
弟允續 允文 允乂 允廸 俱庠生 允登
重慶下 娶朱氏 繼娶范氏 紀氏 子宗衍

林震 貫廣東瓊州府瓊山縣民籍增廣生字宙侯號亢東治詩
行一丁巳年十二月十二日生丙子鄉試二十三名會試二百十七名
廷試三甲二百三十九名吏部觀政
曾祖昕
祖世卿
父介 廩生
母周氏
慈侍下
弟健 獲 瓊 虔 巽
娶王氏 子應甲

鄧應祈 貫四川成都府內江縣民籍學生字永卿號鼎門石治春秋
行一丁巳年十二月十八日生壬子鄉試四名會試一百四十七名
廷試三甲四十三名 都察院觀政授湖廣麻城縣知縣
曾祖廷正 [illegible]
祖伊 [illegible] 潯州府推官
父林材 廣西新寧州知州
前母何氏 贈孺人 母何氏 封孺人
具慶下
兄應期 應貞 應鸞 庠生
弟應贅 應岷 應旌 [illegible] 應夢 應素 應玄
娶余氏 子承餘 承祥 承申 承恩 承寵

岳九達

貫河南衛輝府獲嘉縣民籍學生字季達號雲程治詩

行三丁巳年十二月十八日生乙酉鄉試六十一名會試一百五十三名

廷試三甲一百九十七名 兵部觀政

曾祖禮 縣丞

祖山 生員

父正 壽官

母方氏

慈侍下

兄九道 吏目 九通 歲貢

娶薄氏

子凌霄 生員 在霄

吳楷

貫山東兗州府曹州民籍國子生字允式號泰軒治詩行

一丁巳年十二月二十一日生庚午鄉試五十五名會試三百四十九名

廷試三甲一百三十四名 刑部觀政

曾祖凱

祖自然

父中立

母馬氏 繼母張氏

具慶下

弟檢 構 榛 椅

娶李氏

梁祖齡 貫四川成都府温江縣民籍縣學生字紹商號景泉治禮記
二丁巳年十二月二十一日生壬午鄉試五名會試三百七名
吏部觀政擬應天府江浦縣知縣
廷試三甲七十八名
曾祖萬鍾 嘉議大夫兩浙運使
祖袞 蜀府引禮
父承教 生員
母于氏
具慶下
兄祖堯 生員
弟祖英 祖德 俱生員 祖訓
娶李氏 繼娶祝氏 子于廷 在廷

熊密 貫四川順慶府廣安州民籍增廣生字子縝號小峩治書
行四戊午年正月初四日生乙酉鄉試四十名會試二百五十四名
吏部觀政擬直隸加定縣知縣
廷試三甲六十二名
曾祖萬金 壽官
祖廣山 封知府 鹽歷
父廷文 封知府 本生父廷聘 生員
母李氏 楊氏 本生母楊氏
慈侍下
兄軒 岳 鴻臚寺寫贊 輿 鎰 錫 監生 載 璉 生 軾 偉 廩生
弟岱
娶吳氏 子以璋 以璜

四二二

張集義 貫浙江紹興府餘姚縣民籍國子生字德宜號喻齋治禮記行二戊午年正月初[illegible]生[illegible]鄉試六十七名會試二百六十名

禮部觀政擢[illegible]知縣

廷試三甲五十一名

曾祖萊 七品散官

祖恒 贈封朝儀大夫雲南布政司左參議

父岳 嘉議大夫刑部右侍郎[illegible]都察院左副都御史

母王氏 封[illegible]人

兄體仁 鳴鳳 錦 [illegible] 庠生 寅元 傑元 庠生

弟約禮 近智 俱庠生 春元 釜 舉人 兆元 庠生 禎元 京元

娶胡氏 子夢麟 夢龍

[illegible]父下

徐元正 貫直隸蘇州府吳縣民籍太倉州人增廣生字景文號振雅治易經行二戊午年正月初十日生乙酉鄉試六十七名會試二百二十名

廷試三甲一百八十九名大理寺觀政

曾祖[illegible]

祖[illegible]封[illegible]

父仲簡

母湯氏

兄元孝

弟元節 生員

娶沈氏 子君模

重慶下

薛三才

貫浙江寧波府定海縣民籍鄞縣人學生字仲孺號青雷

治詩行六戊午年正月二十三日生己卯鄉試四十三名會試十六名

廷試三甲八名　工部觀政改翰林院庶吉士

曾祖儒

祖世[illegible] 本生祖一相貢生

父巒

母鄭氏　弟三省廩生

具慶下　娶黃氏　子士珩

程子鉞

貫直隸徽州府歙縣民籍縣學生字鼎輔號扶輿治詩行

一戊午年二月初二日生乙酉鄉試二十三名會試八十六名

廷試三甲二十名　兵部觀政授浙江杭州府推官

曾祖尚信

祖宏散官

父大俊　兄子諫知縣　子諒舉人　道章同科舉人　子說舉人　子鐙

母唐氏　弟子藝　子鍀　子錝　子鐸

具慶下　娶鄭氏

韓學信

貫山東東昌府平山衛軍籍國子生字復之號淳菴治

詩行一戊午年二月十二日生己卯鄉試十九名會試一百八十一名

戶部觀政授中書舍人

廷試　甲　名

曾祖澄

祖鑄 訓導

父文簡

前母趙氏 母王氏

慈侍下

娶王氏

葉重第

貫直隸蘇州府吳江縣民籍國子生字道及號振齋治書

行九戊午年二月二十六日生丙子鄉試三十五名會試十五名

刑部觀政授山陰縣知縣

廷試三甲五十四名

曾祖紳 尚寶司少卿前禮科左給事中

祖旦

父可畏 庠生

母吳氏

具慶下

兄初春 庚辰進士順德知縣 宗直 己卯舉人 汝華 庚午舉人 之本 有本 庠生 重禎

重光 丁卯舉人 重元 重熙 有志 俱庠生 重勳 重華 戊生 重照 重科 俱庠生

弟重粹 重耀

娶馮氏 子紹鼎

四二

景章 貫四川敘州府富順縣民籍學生字達卿號雲江治詩行三

戊午年二月二十九日生丙子鄉試七十名會試一百二十五名

廷試三甲一百八十三名 刑部觀政

曾祖沖祖

祖旦 庠生

父二陽 知縣 兄禹言 庠生 商交 庠生 兖亮玄 襄 省祭官

母楊氏 弟雍 庠生 裒 庠生 裒彥 袞

具慶下 娶熊氏 子聿新 又新 彌新

陳所職 貫河南開封府禹州匠籍學生字爾司號觀峰治書行一

戊午年三月初十日生丙子鄉試三十名會試十八名

廷試二甲三十二名 大理寺觀政

曾祖瓚

祖倉

父蓓 貢生

母李氏 弟所尚 生員 所樂 所養

具慶下 娶連氏 子國禎 國禧

王孟煦

貫山東青州府安丘縣軍籍國子生字育明號念塈治易
行三戊午年三月十六日生丙子鄉試四十八名會試七十二名
廷試三甲一百六十五名 兵部觀政[illegible]翰林院庶吉士

曾祖愷 [illegible]

祖俊 [illegible]

父士瑶 [illegible]

母劉氏 繼母張氏

慈侍下

兄孟暉 [illegible] 孟曙

弟孟晚 孟時

娶周氏

陳于王

貫浙江嘉興府嘉善縣民籍學生字伯襄號穎亭治詩行
一戊午年三月十七日生壬午鄉試十三名會試一百三十九名
廷試三甲一百十六名 兵部觀政

曾祖芬

祖暠

父卿

母盛氏 繼母錢氏

弟于陛

重慶下

娶盛氏

子[illegible] 鍔 銳

徐兆魁

貫廣東廣州府東莞縣民籍增廣生字笠飛號海石治易行二戊午年三月二十七日生丙子鄉試二名會試九十三名

廷試三甲八十二名 戶部觀政

曾祖瑾

祖孟兆 壽官

父應寅

母王氏 繼母侯氏 庶母陳氏

具慶下

兄贊化 庚午經元 兆龍

弟兆登 兆元

娶黃氏 子鶴齡

李宗延

貫河南汝寧府汝陽縣民籍學生字景喆號崧毓治春秋行一戊午年三月二十八日生壬午鄉試二名會試一百九十七名

廷試三甲一百二十八名 戶部觀政

曾祖榮

祖貲

父武 壽官

母王氏

具慶下

娶張氏 繼娶黃氏 子永秀 永芳

何淳之

貫南京留守左衛籍常州府無錫縣人國子生字仲雅號太吳治
詩行二戊午年四月十一日生丙子鄉試一百二十五名癸未會試十七名
戶部觀政擢河南開封府推官

廷試三甲十六名

曾祖岳 生員
祖卿 封禮部郎中
父汝健 癸丑進士 浙江參議
母孫氏 封宜人
具慶下

兄湛之 舉人
弟澄之 武舉　濬之 生員　湜之　淵之
娶俞氏
子森如　林如　楙如　樊如

熊宇奇

貫江西南昌府新建縣民籍附學生字正子號石門治春秋
行一戊午年四月二十四日生壬午鄉試八十四名會試一百七十六名
兵部觀政

廷試二甲五十六名

曾祖鎧
祖世模 壽官
父登之 庠生
母勞氏
重慶下

弟宇毅　宇廡 庠生　宇郜
娶張氏

鄭得書 貫福建泉州衛中千戶所官籍晉江縣附學生字子謙號一心
緝治書行一戊午年四月二十六日生丙子鄉試二十一名會試一百二十三名

廷試三甲一百十五名 禮部觀政

曾祖良佐 潮州府知府

祖承文 庠生

父七新 庠生

母陳氏 弟得第 庠生 得麟 得辰 得獻

慈侍下 娶尤氏

羅應斗 貫浙江寧波府慈谿縣民籍學生字光射號巖岡治詩
經行三戊午年六月二十四日生乙酉鄉試二十八名會試二百二名

廷試二甲四十七名 通政司觀政

曾祖鉉 府經歷

祖洪 鄧州知州

父汝學 庠生 兄應魁 應壁 俱庠生

母葉氏 繼母聞氏 弟應元 應星 應軫 應科 應乾 庠生

慈侍下 娶馮氏 子英賢 英儁

周玄暐 貫直隸蘇州府崑山縣民籍學生字如茂號㳟吾治易
行二戊午年七月二十四日生乙酉鄉試十三名會試八十名
廷試三甲二百六十八名 都察院觀政
曾祖在 蔡利州知州贈雲南左布政使
祖復俊 南京大理寺卿進階正議大夫資治尹
父泉 東府良醫正
母張氏
永感下
兄玄暐 監生 玄曜 監生 貢
弟玄昭 玄韞 玄晞 玄晒 玄暐 玄時 玄暎 伯起 嗚國
娶朱氏 子公纘 公纘 公縝 公續

徐存德 貫湖廣黃州府蘄水縣民籍附學生字恒甫號恒菴治易
行七戊午年七月二十九日生壬午鄉試五十二名會試二百二十二名
廷試三甲一百七十五名 吏部觀政
曾祖貢 奉政大夫户部郎中 [illegible]
祖漳 太學生
父步雲 舉人知縣 致仕
母胡氏
永感下
兄存忠 存孝 存謙 存恭 存敬 存義 庠生 存謨
弟存訓 存繹 存裕 存讓
娶李氏 子會齡 金齡 介齡 金齡

傅商弼

貫河南河南府嵩縣軍籍陝西梁州衛人嵩縣學生字汝[illegible]

嚴治春秋行二戊午年八月初四日生己卯鄉試三十一名癸未會試三百四十八名

廷試三甲六十八名　兵部觀政授東陽信縣知縣

曾祖榮

祖智

父佐

母朱氏

慈侍下

兄夢弼

弟阿弼　教弼　憲弼　台弼　禺弼　諒弼

娶褚氏　繼娶趙氏　李氏　崔氏　子起予　廸予

何喬遠

貫福建泉州府晉江縣民籍國子生字稚孝號匪莪治禮記行六戊午年十八月初二日生丙子鄉試七十七名會試一百九十名

廷試三甲二百四十一名

曾祖賢 壽官

祖洪

父炯 教諭

前母世氏　母林氏

永感下

兄還遠　述遠 生員　喬遴　喬選　喬遷 丙子經魁

娶溫氏　子九轉

彭遵古 貫湖廣黃州府黃安縣匠籍麻城人學生字季籛號旦陽
治春秋行九戊午年九月初三日生乙酉鄉試五名會試十名
廷試二甲十七名 吏部觀政
曾祖伯爽
祖易紀
父岱
母鄧氏
慈侍下
兄好古 同科 述古 顯謨 癸未會中式武舉永道守備
娶胡氏 子壽昌 壽星

李大武 貫直隸蘇州府長洲縣衛舍籍附學生字仲吉號晉陽治
春秋行二戊午年九月初六日生乙酉鄉試一百二名會試二十二名
廷試三甲一百九十一名 吏部觀政改翰林院庶吉士
曾祖俊 庠生
祖棠
父鳳翥 庠生
前母姚氏 母顧氏
慈侍下
兄大夏 庠生 大成 大本 大經 大文
弟大綸 大有 大道 大德 大韶
娶程氏 子康成

林祖述 貫浙江寧波府鄞縣軍籍國子生字道卿號椐庵治易
行九戊午年九月十八日生丙子鄉試二十一名會試十二名
廷試三甲七名 刑部觀政改翰林院庶吉士
曾祖桂 贈府長史進階中憲大夫
祖時 鄉飲賓
父鳳來 庠生
母王氏 弟祖建 祖選
重慶下 娶袁氏 子德龍 德星 德嶽

范以洲 貫江西南昌府南昌縣民籍學生字汝聞號自魯治詩
行七戊午年九月十九日生己卯鄉試七名會試二百四十四名
廷試三甲一百六十七名 刑部觀政
曾祖式宣
祖時魁
父元鑰
母甘氏 弟以汲 以漸 以浹 以泳
慈侍下 娶傅氏 子文宷 文本

任萬化 貫府軍前衛官籍湖廣荊州府江陵縣人國子生字贊之號心原治易行一戊午年九月二十三日生順天丙子鄉試一百一十五名會試二百十五名

廷試三甲七十名　刑部觀政

曾祖昇 百戶
祖聰 冠帶人
父澤 [illegible]
母杉氏
具慶下
兄萬良 百戶
弟萬機
娶霍氏　繼娶
子金鉉　鼎鉉

沈瓚 貫直隸蘇州府吳江縣軍籍國子生字孝通號定菴治書行二戊午年九月三十日生壬午鄉試三名會試六十七名

廷試二甲八名　兵部觀政　擢南刑部江西司主事

曾祖漢 戶部右侍郎中 贈太常寺少卿
祖[illegible]
父[illegible] 司員外郎
母卜氏 [illegible]
慈侍下
兄璟 甲戌進士行人司 吏部考功司員外郎
弟[illegible]
娶周氏　繼娶王氏　顧氏

劉夢周

貫山西沁州民籍學生字東化號心江治書行戊午年

十月二十日生庚午鄉試二十名會試二百六十六名

廷試三甲四十五名　大理寺觀政授湖廣黃岡縣知縣

曾祖道　儒官

祖廷賜　主簿

父甲　監生

母霍氏

嚴侍下

弟夢熊　舉人　夢龍　舉人　夢弼　生員

娶楊氏　子光曙　光表　光虹

王之彥

貫直隸大名府濬縣民籍學生字仲美號襟滑治書行

二戊午年十一月初五日生乙酉鄉試七十六名會試九十七名

廷試三甲九十八名　禮部觀政授山東寧陽知縣

曾祖瑤　壽官

祖儒　王府引禮

父衣　大醫院醫官

母易氏

具慶下

兄之言　增廣生　之佐　武學生　之賓　庠生

娶申氏

黃縉　貫廣東惠州府博羅縣民籍學生字挺宸號大垣治詩經
一戊午年十一月十一日生乙酉鄉試二十六名會試一百八名
廷試三甲二百六名　大理寺觀政
曾祖環郡賓壽官
祖尚朋
父奐冠帶歸養　兄大載舉人懷府長史　瑜　烱　扆俱庠生
母張氏　繼母徐氏　弟紳　綬　組
重慶下　娶張氏　子瑞齡

趙完璧　貫河南河南府陝州民籍學生字念徽號連城治易經一
戊午年十二月十五日生乙酉鄉試二十五名會試二百五十五名
廷試三甲一百五十名　刑部觀政授直隸[illegible]知縣
曾祖全成化丁未進士歷任鄖陽知府
祖慎官義
父慶生員
母李氏
永感下　娶許氏

徐成楚 貫湖廣鄖陽府竹谿縣民籍國子生字光南號荊璞治
易行一戊午年十一月二十九日生壬午鄉試六名會試九名
廷試三甲二百四十四名戶部觀政
曾祖祖政
祖興
父栢
母党氏 弟翔楚貢生 弘楚 光楚 賓楚 魁楚 名楚
具慶下 娶馬氏 子斯達 斯遠 斯逵

趙夢麟 貫直隸廣平府永年縣民籍增廣生字季兆號瑞明治
詩行三戊午年十二月初一日生乙酉鄉試五十四名會試三百三十二名
廷試三甲五十名 戶部觀政 擢直隸儀真縣知縣
曾祖端
祖魯
父應登 兄曾 夢龍 夢熊 夢麒
母崔氏 繼母張氏 弟夢豸 夢彪 夢鯉
慈侍下 娶崔氏 繼娶張氏 子天祿 天爵 天[illegible]

傅肖形

貫直隸大名府內黃縣軍籍學生字夢徵號起巖治書

行戊午年十二月初八日生壬午鄉試九十八名會試三百三十五名

廷試三甲二百六十二名 兵部觀政

曾祖山

祖繼 五府汾陽

父文 省祭官

母張氏

永感下

弟踐形

娶王氏

唐斯盛

貫湖廣長沙府湘潭縣軍籍國子生字應中號馹石治易

行己未年正月初三日生壬午鄉試十六名會試二百九十一名

廷試三甲二十二名

刑部觀政 授直隸蘇州府推官

曾祖辰 壽官

祖寔 以子貴累封中憲大夫福建泉州府知府

父九德 以貢歷任廣東按察司按察使兼參政

母黃氏 累封恭人

重慶下

弟文盛 生員 鳴盛 際盛 逢盛 繼盛 養盛 萃盛

娶羅氏 繼娶周氏

子登愷 登瀛

五十四 二

謝朝佐

貫福建建寧府甌寧縣民籍學生字良輔號鈍雲治易
行二巳未年正月初七日生壬午鄉試七十一名會試三百十七名
廷試三甲二百三十名 兵部觀政

曾祖璞 壽官
祖宋 庠生
父明揚 乙酉貢士
前母仲氏 母池氏
具慶下
兄朝采 庠生
娶楊氏
子紹芳 紹科 紹捷

劉訥

貫陝西漢中府寧羗衛軍籍南鄭縣學生字仁宸號拱北治
書行四巳未年正月十八日生壬午鄉試十二名會試一百八十名
廷試三甲二百七十六名吏部觀政

曾祖大
祖茂 庠生
父世恩 儒官
母馬氏
嚴侍下
兄誠 訓 諮
弟訢 庠生
娶馬氏
子與臚 與第

石岩

貫山東青州府益都縣民籍學生字伯瞻號衛麓治書行四己未年二月初十日生壬午鄉試十名會試一百三名

廷試三甲二百十五名　刑部觀政

曾祖存仁 知縣

祖琚 亞元贈奉直大夫易州知州 加贈奉議大夫戶部員外郎

父繼節 河南汝寧府同知

前母張氏 贈宜人　母齊氏 封宜人

慈侍下

兄嶠 太學生　璉 監生

弟峻 生員　崙　嶽　岑

娶来氏　子之龜　之瑞

何太庚

貫廣東廣州府番禺縣軍籍順德縣人附學生字吉父號昌海治易行二己未年二月二十八日生壬午鄉試十八名會試一百三十八名

廷試三甲一百六名　都察院觀政

曾祖瑜 累貢任郎門丞致仕 鄉飲正賓祀鄉賢

祖法

父紹舒

母陳氏

具慶下

兄以許　以諾　以諗　以詑

弟穷 乙酉舉人　與倫 己卯舉人　譽　驄　騋　彪　以諒

娶招氏

王志

貫江西撫州府東鄉縣軍籍國子生字汝學號新盤治詩

行七三己未年三月初二日生己卯鄉試六十名會試一百五十一名

廷試二甲六十三名　通政司觀政

曾祖廷庠生

祖釗

父文卿

母周氏

具慶下　娶李氏　繼娶祝氏　子進第　連第　選第

雷元善

貫陝西西安府同州朝邑縣軍籍學生字汝仁號體吾治

書行三己未年四月初二日生壬午鄉試五十六名會試三百三名

廷試三甲九十九名　禮部觀政

曾祖景祥

祖賜宗

父世卿壽官　兄士禎監察御史　元貞　元利

母徐氏　繼母白氏　侯氏　弟士和生員　元陸

嚴侍下　娶白氏　子胤芳　胤壽　胤茂

陳蘊

貫廣西桂林府灌陽縣民籍學生字上行號對𡌴治易行一己未年四月初六日生乙酉鄉試八名會試二百四十八名

廷試三甲一百二十六名吏部觀政

曾祖朝贊

祖允盛

父月昇

母唐氏

嚴侍下

弟薰

娶趙氏

子弘猷　弘謨　弘典

周如綸

貫山東萊州府即墨縣軍籍學生字汝音號少東治禮記行一己未年四月十七日生丙子鄉試十四名會試二百九十二名

廷試三甲八十名

戶部觀政授湖廣襄陽府知縣

曾祖斌

祖尚美

父民官儀

母孫氏

慈侍下

兄璧　瑩　瑕

如錫　如金　如章　如璜　如環

如珠　如砥己卯貢生

弟如京己卯經魁　如錦生員

娶張氏

子瀚

彭應捷 貫河南汝寧府光山縣軍籍附學生字讓甫號渾田治春秋行七己未年五月初十日生壬午鄉試四十五名會試一百六十二名
廷試三甲二百一名 工部觀政授山東定陶知縣
曾祖祥 中順大夫
祖宗沂
父時亨 壽官
母徐氏 庶母張氏
嚴侍下
兄應參 庚辰進士 應元 應聘 貢生 應時
弟應宸 應宿 應賓
娶李氏 子繩祖 紹祖 繼祖 纘祖

韓擢 貫廣東惠州府博羅縣民籍增廣生字拱捷號雲陸治詩行三己未年五月十六日生壬午鄉試四十一名會試二百二十名
廷試三甲二百二十四名 工部觀政
曾祖清
祖寰 壽官
父元袞 壽官
母徐氏
具慶下
兄登
娶謝氏

許子偉 貫廣東瓊州府瓊山縣民籍附學生字雲程號甸南治易行一己未年六月初九日生壬午鄉試三十八名會試二百五十二名
廷試三甲一百三十七名 工部觀政
曾祖秀
祖富
父可立庠生
母任氏
慈侍下
兄子忠庠生 子孝
弟子傑 子儒 子俊 子儲 子溥
娶曾氏 子登明 翼明

周應鰲 貫江西吉安府泰和縣民籍學生字如春號章南治易行三己未年六月十三日生乙酉鄉試三十九名會試二百十九名
廷試三甲一百二十名 工部觀政
曾祖明哲庠生
祖承鼎
父克招庠生
母謝氏
慈侍下
兄應玉
弟應東 應楚 應亮 應炳 應鯉
娶王氏 子士道 士達 士懸 士選

吳弘濟 貫浙江嘉興府秀水縣民籍國子生字春暘號海洲治書
行二己未年六月十九日生己卯鄉試四十七名會試三十九名
廷試三甲九十五名 吏部觀政

曾祖參
祖棵
父杰
母曾氏
具慶下

兄勳熙同科舉人 弘毅 弘道 弘德
弟弘憲 弘化 弘猷
娶曾氏 子兆榮 茂榮

林汝詔 貫福建漳州府漳浦縣軍籍國子生字君綸號光璧治詩
行三己未年六月二十二日生丙子鄉試三十八名會試三百四名
廷試三甲十四名 吏部觀政授湖廣永州府推官

曾祖球 [illegible]大夫禮部右侍郎兼翰林院侍讀學士
祖烽 封[illegible]大夫禮部右侍郎[illegible]翰林院侍讀學士
父士章 己未[illegible]任南京禮部尚[illegible]
母[illegible]氏 [illegible] 繼母鄭氏 累封[illegible]人
具慶下

兄汝顥監生 汝春舉人 汝藏 汝煥生員 汝弼 汝良 汝漸 汝礪 汝諧官生
弟汝鎮 汝楫 汝錡 汝森生員 汝孝 汝發 汝啟生員 汝銓 汝篤 汝禮
娶劉氏 子孚卿 孚相

李璣

貫福建泉州府同安縣軍塩籍學生字時仰號耀台治易

行一己未年七月十九日生乙酉鄉試七十六名會試三百二十六名

廷試三甲一百九十八名　戶部觀政

曾祖寵遂

祖勝岳

父養介 生員

前母黃氏　母盧氏

具慶下

兄拱明 生員

弟瑗　瑊　璡　瓊　璇

娶趙氏　子際榮　際敷　際盛

朱士佳

貫福建泉州府晉江縣軍籍附學生字邦題號念依治易

行五己未年八月十七日生己卯鄉試四十九名會試二百十四名

廷試三甲一百七十一名　都察院觀政

曾祖洸 庠生

祖楄 庠生

父孔招 舉人 知縣

母郭氏　繼母陳氏

具慶下

兄萬經 生員　大奎 增廣生　埴　鳴鳳

弟士俊 生員　夢賢 舉人　士僘　士位　士仁　士倜　大春　一沂

士章　光憲　自強　宅揆

娶林氏　子肇甲

林璣

貫福建興化府莆田縣軍籍學生字光仲號槐門治書行
一己未年八月十九日生壬午鄉試二十八名會試七十一名
廷試三甲二百二十七名禮部觀政
曾祖壆 知縣贈南京都察院右都御史
祖雲翰
父謨 封
母鄭氏
兄弟 璵 璋 珩 瓚生 瓚 珆 琛 瓊 璪 璛 珏
具慶下
娶黃氏 鄭氏 子士雍 士美 士元

劉弘寶

貫福建泉州府晉江縣民籍附學生字公可號台巖治書
行二己未年八月二十四日生乙酉鄉試二十名會試一百二十七名
廷試三甲二百十三名兵部觀政改翰林院庶吉士
曾祖積
祖欽新
父時達
前母王氏 母黃氏
兄弘溥 位生員 弘贊 弘任 弘仰 弘相 弘偉
弟弘祐
慈侍下
娶洪氏 子維斗 繹斗 絢斗

熊鳴夏　貫江西南昌府豐城縣民籍國子生字心禹號太和治禮記行八己未年九月初六日生壬午鄉試二十六名會試二十六名

廷試三甲一百四十七名禮部觀政

曾祖綱

祖詔承差廷祥

父惟廣國子生　兄鳴部

母游氏　弟鳴岐　鳴武　鳴周　鳴成　鳴謨　鳴相　鳴贊

具慶下　娶楊氏　子起震

吳洪績　貫福建興化府莆田縣軍籍國子生字崇緒號柱霖治詩經行一己未年九月初八日生己卯鄉試三十九名會試三十名

廷試三甲八十九名　工部觀政

曾祖飛亨

祖若均

父致昂

母鄭氏　弟洪參　洪度　洪休

慈侍下　娶陳氏　子欽　鑵　鋌

常道立 貫湖廣漢陽府漢陽縣民籍學生字孟庸號五嶽治易行一己未年九月初九日生乙酉鄉試七十六名會試一百二十九名
廷試三甲一百四十名 戶部觀政

曾祖禮海
祖玉鏡
父天詔
母湯氏
具慶下

弟道復 道亨 道正 道行
娶湯氏 子惟雋 惟彥 惟精 惟玄

蔡守愚 貫福建泉州府同安縣[illegible]生字體言號發吾治易行吾己未年九月初十日生乙酉鄉試七十名會試七十六名
廷試二甲十三名 都察院觀政

曾祖宜勉
祖宗道鄉飲賓
父希旦
母許氏
嚴侍下

兄守長 貢選生員 貢爲 貢蕖
弟有麟生員 家駒生員 一復 猷臣俱生員 猷謨
娶許氏 子調璣 調珩 調瓚

柳佐

貫山東東昌府臨清州民籍學生字宗相號賡虞治詩行

一巳未年九月二十五日生壬午鄉試三名會試一百四名

廷試三甲一百七十九名禮部觀政 新代縣知縣後調內

曾祖端 壽官

祖澤 儒官

父曉 廩生

母王氏 繼母湯氏 弟仕 佑 住 侃 儲 偲 佶 位 億 倫

慈侍下 娶隋氏 子鯤

鄒德泳

貫江西吉安府安福縣民籍增廣生字汝聖號瀘水治

春秋行四十五巳未年十月初八日生壬午鄉試四十五名會試九十八名

廷試三甲五名 兵部觀政 授行人司行人

曾祖賢 按察司僉事 贈奉政大夫

祖守益 中順大夫南京國子監祭酒 贈禮部右侍郎謚文莊

父美 辛酉 天府七

前母王氏 母周氏

兄德源 貢生 德濬 庠生 德涵 按察司僉事 德溥 翰林院編修 德溫 德治 俱庠生

弟德濟 德洙 德濂 俱庠生 德灌 德洵 德潢 德洽 德淡

慈侍下 娶吳氏 張氏 繼娶彭氏 子贊明 戴明 景明

陳洪烈 貫河南汝寧府光山縣軍籍附學生字元勛號復泉治詩
行一己未年十月十五日生壬午鄉試十二名癸未會試二百八十二名
廷試三甲一百十四名 禮部觀政
曾祖仲輔
祖邦諧
父一敬 儒官
母劉氏
具慶下
兄洪美
弟洪典
娶張氏 子之俊 之彥

顧允成 貫直隸常州府無錫縣民籍學生字季時號涇凡治書
行五己未年十月二十九日生己卯鄉試九十五名癸未會試三十八名
廷試三甲二百二十三名 吏部觀政
曾祖緯 生員
祖夔
父學 贈戶部主事
母錢氏 封太安人
慈侍下
兄性成 自成 憲成 吏部主事
娶華氏 子貞孺

張一棟

貫福建漳州府平和縣民籍學生字任甫號起東治詩行二已未年十一月初五日生壬午鄉試四十五名會試二十五名

廷試三甲一百一名 兵部觀政

曾祖宗富

祖弘貴

父大志

母陳氏

具慶下

兄一梃 一楊

弟一柱 一檣生員 一楠生員 一芝生員 鳴謙生員 一梓 鳴珂

娶林氏 子燦 爊 熥 炌

包應登

貫浙江杭州府錢塘縣籍學生字稺升號涵所治易行五 已未年十一月初六日生己卯鄉試十七名會試二百九十七名

廷試二甲二十二名 兵部觀政

曾祖光弼封導

祖蒙吉益府引禮

父金山西布政司照磨

前母金氏 母朱氏

慈侍下

兄應高浙司都事 應曾刑所司獄 應祖州吏目

弟應科太學生

娶許氏

王希夔 貫福建漳州府龍溪縣民籍學生字子和號訥庵治易行
一已未年十一月初六日生乙酉鄉試十二名會試二百三十五名
廷試三甲二百五十名 工部觀政
曾祖廷綿 壽官
祖曰貴
父俊民 庠生
母張氏 弟希周 生員 希召 希稷
重慶下 娶李氏 子奇標 奇榜

袁光宇 貫直隸蘇州府常熟縣民籍附學生字元讓號養沖治詩
行一已未年十二月初五日生乙酉鄉試四十六名會試一百九十五名
廷試三甲九十一名 都察院觀政
曾祖南
祖悉 州判事
父類錫 兄光祖 庠生 光世 光裕
母陳氏 弟光畿 光瀚 庠生 光洋 光祚
具慶下 娶朱氏 子德溫 德良 德恭 德儉

田立家 貫山西澤州陽城縣匠籍國子生字正國號平泉治易行

一 己未年十二月初九日生乙酉鄉試十二名會試一百九十四名

廷試三甲一百七十名 都察院觀政

曾祖完

祖濬

父鳳龍 官壽

前母王氏 母劉氏 繼母張氏

嚴侍下 娶賈氏 子志伊

盧傳元 貫河南開封府扶溝縣匠籍附學生字貞復號五雲治書行

四 己未年十二月十七日生壬午鄉試八十名會試二百六十三名

廷試三甲二百六十名 禮部觀政

曾祖環

祖興

父綵

母孫氏 兄傳詔 官壽 傳姓 庠生 傳論 傳道

弟傳芳

慈侍下 娶趙氏 繼娶李氏 馮氏 秦氏

林夢鶴 貫河南汝寧府信陽州民籍學生字獻禎號鑒蒼治
易行一己未年十二月二十日生壬午鄉試九名會試一百七十五名
廷試三甲一百二十三名 都察院觀政
曾祖滿 知縣
祖閎春 生員
父得森 生員
母馬氏
重慶下
弟鳴鶴 仲鶴 季鶴 祖慶
娶岳氏

陳濂 貫福建泉州府惠安縣民籍附學生字道源號麟崧治
詩行一己未年十二月二十四日生壬午鄉試六十八名會試二十七名
廷試二甲二十九名 都察院觀政
曾祖煒 知州
祖圻 貢生
父鍔 舉人
母李氏
重慶下
弟洛 貢生 浞 渤 淏 天澤 貢生 温 涇 滂 溉 深 沫
娶洪氏 子兆渠 兆槩 兆稟

魏諤

貫直隸廣平府清河縣民籍國子生字直卿號沖寰治詩
行一庚申年二月初五日生己卯鄉試七十六名會試六十二名
廷試三甲二百十六名 刑部觀政

曾祖景元
祖臻
父希廉
母闞氏
具慶下
兄訓
弟諫生員 詢 訒
娶尹氏 子良翰 良玉

查允元

貫浙江杭州府海寧縣民籍國子生字仁卿號虞臯治詩
行一庚申年二月十二日生丙子鄉試十三名癸未會試二百名
禮部觀政授禮部主客司主事
廷試二甲四名

曾祖繪 誥贈大理寺左少卿
祖秉彝 戊戌進士順天府府尹加通議大夫
父志立 丙辰進士河南布政使司左參政
母姚氏 封宜人
具慶下
弟允升
娶李氏

袁宗道 貫湖廣荊州府公安縣民籍學生字伯脩號玉蟠治書行一庚申年二月十六日生己卯鄉試八名會試一名

廷試二甲一名　吏部觀政除翰林院庶吉士

曾祖暎

祖大化

父鍊 國子生

母龔氏　庶母劉氏

重慶下

兄秩宗　宗教　崇吉 俱庠生

弟宗正　宗賢　宏道 庠生　中道 庠生　論道　安道　宗慶　宗伯

娶曹氏　繼娶廖氏　子應泰　應徵

張弋 貫雲南左衛官籍學生字用弛號矔鶴治易行一庚申年二月十九日生乙酉鄉試九名會試三百四十八名

廷試三甲四名　兵部觀政授行人司行人

曾祖勛 百戶

祖羽鳳 百戶

父天民 百戶

母羅氏　繼母張氏　弟式 庠生　侙

具慶下　娶完氏　子闇然　渾然

朱爵　貫直隸大名府開州民籍學生字仲脩號藩宣治書

行一庚申年二月二十一日生乙酉鄉試十九名會試一百四十六名

工部觀政授山東莊平知縣

廷試三甲二百二名

曾祖海

祖通

父國珍

前母趙氏　母王氏　弟舜　孚

具慶下　娶譚氏　子孔陽　孔懷　孔固

司憲　貫河南歸德府睢州民籍附學生字憲國號晉臺治

詩行一庚申年六月二十六日生壬午鄉試二十四名會試一百四十二名

大理寺觀政授行人司行人

廷試三甲十三名

曾祖裕

祖景皤

父伯儒　恩例儒官

母朱氏　弟賔　宇　完　寀

具慶下　娶余氏　繼娶皇甫氏　子念勛

蕭雲舉 貫廣西南寧府宣化縣民籍國子生字允升號玄圃治詩行一庚申年三月二十二日生癸酉鄉試十一名會試十九名

廷試三甲十八名 禮部觀政改翰林院庶吉士

曾祖蕃 生員

祖滿 經歷

父棟 知州

母朱氏 繼母羊氏 弟雲嵩 雲龍 雲鷟 雲騰 雲鴻

慈侍下 娶鄧氏 子士英 士俊 士華 士棨 士隆

韓策 貫直隸真定府南宮縣民籍學生字獻之號對廷治詩行一庚申年四月十五日生丙子鄉試一百十七名會試一百七十八名

廷試二甲十五名 通政使司觀政

曾祖景聰

祖珂 壽官

父永忠 生員 兄樂 省祭 竹 生員 甲 乙酉舉人

母胡氏 弟籥 生員 鏡 簡

具慶下 娶李氏

吳鴻洙

貫山東濟南府泰安州萊蕪縣民籍國子生字文衡號鳳城
治易行二庚申年四月初五日生巳卯鄉試三十九名會試一百十七名
工部觀政
廷試二甲十二名
曾祖夢弼庠生
祖善繼
父來朝知縣　兄鴻漸選貢
母段氏　弟鴻功生員
具慶下　娶張氏　子與京　與齊

周著

貫江西南昌府南昌縣民籍附學生字誠子號右華治詩
行八庚申年四月二十三日生壬午鄉試七十九名會試十一名
廷試三甲一百三十八名都察院觀政
曾祖萬佐
祖曰恭
父用徵
母徐氏　弟肯庠生　曆　智　曹　晉
具慶下　娶黃氏　子以沂

楊宏科 貫浙江紹興府餘姚縣竈籍附學生字融博號意白治
書行一庚申年五月初三日生乙酉鄉試七十六名會試九十名
廷試三甲二百十九名 都察院觀政
曾祖宗道
祖九韶 癸丑進士知縣
父召 貤生
生母何氏 繼母沈氏 弟宏材貤生 宏第 宏轍 宏軌 宏軏 宏仁 宏義 宏星 宏望
嚴侍下 娶王氏

冀體 貫河南彰德府武安縣軍籍增廣生字肖甫號洺環治
詩行二庚申年五月初六日生乙酉鄉試三十九名會試二百三十一名
廷試三甲一百四十六名戶部觀政授山東滋陽縣知縣
曾祖友
祖仲舉
父思榮 冠帶
兄述 庠生
母武氏 繼母郝氏
具慶下 娶武氏 子北齊

陳遴瑋 貫四川敘州府富順縣軍籍附學生字玉甫號舸華治詩行一庚申年五月十二日生乙酉鄉試八名會試二百七十三名

廷試二甲三十五名 禮部觀政授直隷宜興縣知縣

曾祖江 知州 穀 庠生

祖淵 驛丞 兵

父翰 封知州

母鄭氏 封安人 繼母張氏 弟遴璟 遴瑛 庠生 遴琪

具慶下 娶廖氏 子士起 士振

弋鶴 貫山西平陽府解州安邑縣匠籍學生字鳴臯號斗陽治詩行一庚申年五月十五日生乙酉鄉試五十八名會試二百五十六名

廷試三甲二百七十八名吏部觀政

曾祖鑑

祖徵

父存心

母荆氏

具慶下 弟鶚 鷴 鸕 鵯 鷝

娶楊氏 子[illegible]

劉以煥貫江西吉安府安福縣民籍附學生字章卿號完自治
易行十九庚申年六月二十日生乙酉鄉試五十九名會試一百十三名
廷試二甲四十九名　吏部觀政
曾祖漢𤣥生
祖高
父孫𤣥生
前母彭氏　母蕭氏
具慶下
兄以和　以讓　以簡　以綸　以芳
弟以謙　以傑
娶尹氏
子命賢　命賞　命登　命德

李光輝貫山西太原府太原右衛籍國子生字文徵號新宇治詩
行二庚申年七月初二日生己卯鄉試四十七名會試三百二十九名
廷試三甲二百五十三名　都察院觀政
曾祖信
祖雲龍
父希曾𤣥生
母余氏　繼母劉氏
慈侍下
兄光重
娶朱氏

王嘉謨
貫錦衣衛官籍山東濟南府鄒平縣人順天府學生字伯俞
號弘岳治春秋行一庚申年七月十一日生己卯鄉試五十四名會試二百十一名

廷試三甲二百七名　吏部觀政

曾祖欽 錦衣衛副千户

祖寶 錦衣衛副千户 封指揮僉事

父應祥 京營左軍府 都指揮僉事

母游氏 封恭人

重慶下

弟嘉謨 文思院副使　嘉議　嘉詔

娶李氏　子陟

姜仲軾
貫山東萊州府掖縣民籍國子生字希蘇號肖鳳治詩
行一庚申年七月十三日生己卯鄉試十一名會試九十四名

廷試三甲二十七名　都察院觀政

曾祖澤 壽官

祖祺 典史

父夢周 庠生

前母謝氏　母王氏

慈侍下

弟仲皐　仲夔　仲龍　仲傅　仲益　仲榮　仲伊

娶羅氏　子應光

鍾萬祿 貫廣東廣州府清遠縣軍籍附學生字懋功號賛宇治詩
行二庚申年八月初三日生丙子鄉試六十三名會試二百九十五名
廷試三甲三十四名 禮部觀政擢福建長樂縣知縣
曾祖朝 生員
祖世興 生員
父于田 通判致仕 兄萬春 乙卯舉人
母李氏 庶母湯氏 弟萬芳 學生 萬選 萬祥
具慶下 娶黃氏 子自天 自奎 自璧

嚴正邦 貫浙江湖州府歸安縣民籍附學生字範先號一醇治禮
記行七庚申年八月十二日生乙酉鄉試四名會試一百二十三名
廷試三甲二百七十四名吏部觀政
曾祖宇
祖茹
父而乘 訓導 兄正恩 正忠 俱庠生 正名 正位 儒士 正蒙 庠生
前母王氏 母戴氏 弟正憲 正慤
具慶下 娶臧氏 子鉉 鉞 鎔

于仕廉 貫直隸鎮江府金壇縣軍籍增廣生字元貞號振方治禮記行九庚申年八月二十日生乙酉鄉試十五名會試一百五十五名

廷試二甲四十八名 大理寺觀政

曾祖鎰 知縣贈都察院右副都御史

祖滑 州判

父東 庠生

母馮氏 繼母張氏

兄朋照 舉人 光烈 監生 文熙 戶部郎中 孔兼 九江府推官 廷燮 舉人 手聯 秦衡 庠生 鼎勳

弟士鰲 庠生 樹勳 庠生 贊燕 賓燕 台任 興庶 天恩 祖恭 宗燾

重慶下 娶王氏

仁熙 恭熙 式美 天然 幼然 昌庶 福謙 功燕

鄧美政 貫浙江嚴州府建德縣民籍學生字尚德號少濱治詩行一庚申年八月二十三日生壬午鄉試八十八名會試一百三十名

廷試三甲十五名 吏部觀政 授湖廣岳州府推官

曾祖時弘

祖淵 生員

父咸和 生員

母邵氏 弟美俗 之俊 生員 美充

具慶下 娶陳氏 子應祝

唐世堯 貫廣西平樂府平樂縣民籍學生字見甫號覲栢治書行一庚申年八月二十五日生乙酉鄉試一名會試三百二十七名

廷試三甲二十一名 兵部觀政擬浙江寧波府推官

曾祖友鵬

祖淮 [illegible]

父應岸 [illegible]

母尹氏

具慶下

娶谷氏 子之元 之愷

邢有忭 貫山東萊州府昌邑縣民籍學生字惟慎號怡亭治詩行三庚申年八月二十八日生壬午鄉試十四名會試二百二十六名

廷試三甲二百二十五名戶部觀政

曾祖瓘 推官

祖時舉 累贈中憲大夫都察院右僉都御史

父尚寬 選貢生縣丞

嫡母翟氏 生母劉氏

兄有恒 庠生 有恪 禮部儒士

具慶下

娶孫氏 繼聘趙氏 子俁偁

王士昌

貫江西南昌府新建縣民籍浙江台州府臨海縣人國子生字永叔
號斗溟治春秋行三庚申年九月十九日生己卯順天鄉試五十名會試二百十八名

廷試三甲一百九十九名　刑部觀政

曾祖逸卿 誥贈通議大夫都察院右副都御史

祖訓 誥贈通議大夫都察院右副都御史

父宗沐 刑部左侍郎

母秦氏 封淑人

具慶下

兄士崧 進士光州知州　士琦 進士南京工部主事

弟士業 官生

娶吳氏　子立隆

陳鳴華

貫福建泉州府晉江縣民籍國子生字誠甫號章閣治春秋
行一庚申年十月初十日生丙子鄉試五名會試二百八十三名

廷試二甲二十八名　工部觀政

曾祖恒戒 贈文林郎

祖常 州

父安

母黄氏

具慶下

兄鳴治 鳴紹 鳴南 鳴周 鳴科

弟鳴廷 鳴夏 鳴纘 鳴喬 鳴熙 鳴勲 鳴第 鳴鰲 鳴琰 鳴壽 鳴杰
鳴球 鳴韶 鳴烈 鳴琦 鳴甲 鳴瑜 鳴都 鳴侯

娶傅氏　子

徐夢麟 貫直隸寧國府宣城縣民籍附學生字惟仁號鍾岳治詩行
六庚申年十月十一日生壬午鄉試一百四名會試八十一名
廷試三甲二百三十五名都察院觀政
曾祖瓏
祖昆
父應舉主簿 兄夢鶴庠生
母萬氏 王氏 弟夢鯨
慈侍下 娶蔡氏 子灝 泌

郭應時 貫福建漳州府海澄縣軍籍增廣生字行之號耀東治易行
二庚申年十月二十日生壬午鄉試八十名會試三十二名
廷試三甲一百八十七名都察院觀政
曾祖體剛
祖子繹
父宗懿 兄應選 公懷 朝封
母沈氏 弟公怡 公愷
具慶下 娶許氏 子士俊 士冲

孫承榮

貫西夷館官籍直隸蘇州府長洲縣人附學生字元錫號震南治易行四庚申年十一月十三日生壬午鄉試三十七名會試二百二十四名

廷試二甲十八名 吏部觀政

曾祖澄

祖悌 生員

父孝祖 冠帶醫士封登仕郎鴻臚寺署丞

母潘氏 生母戴氏

兄承爵 制勅房辦事署丞 承祿 丙子舉人 承恩

弟承僩

永感下 娶張氏 子嗣業

魏養蒙

貫河南河南府洛陽縣民籍國子生字以貞號惺吾治易行一庚申年十一月十五日生己卯鄉試十五名會試一百九十六名

廷試二甲五十名 吏部觀政

曾祖鳳

祖賢 恩例壽官

父有孚 壽官

母葉氏

重慶下

弟養大 生員 養鱗 養翼

娶劉氏

張濤

貫湖廣黃州府黃陂縣民籍縣學生字原裕號振海治書行三
庚申年十一月十九日生壬午鄉試十九名會試六十四名
廷試三甲二百三十三名　工部觀政

曾祖萬徹
祖珂
父天爵　兄沂
母李氏　弟浩　溥庠生　淳
具慶下　娶闕氏　子茲惇　茲恪　茲博　茲忱

王佐

貫湖廣常德府武陵縣人榮府籍增廣生字襄甫號小虞治
詩行一庚申年十一月二十日生乙酉鄉試七十三名會試一百名
廷試三甲一百九十名　吏部觀政

曾祖良
祖俊
父大才
母李氏　弟儆　仕　任　化　位　信　作
重慶下　娶汪氏　子國祥　國瑞

陳義

貫福建泉州府晉江縣軍籍增廣生字克宜號和廷治易

行二庚申年十一月二十日生壬午鄉試二十一名會試一百二十四名

廷試三甲七十二名

工部觀政授廣西臨桂縣知縣

曾祖欽仁榮壽

祖華 鄉賓

父良章 生員

母徐氏 生母蔡氏

慈侍下

兄性溫 性淵 性渾

弟蕙 性沉 芹 性沛 芳 性澄 性瀅

娶趙氏 子喬禎 喬祚

蔡淮

貫福建泉州府晉江縣鹽籍附學生字弘甫號念質治書

行三庚申年十二月二十四日生己卯鄉試七十七名會試一百五十二名

廷試三甲五十五名

刑部觀政授廣東東莞縣知縣

曾祖祥

祖登

父鑑

母曾氏

慈侍下

兄秀 潤 澤 滿

娶黃氏 子應鰲

龔懋 貫湖廣黃州府黃梅縣民籍學生字益孫號[illegible]齋治詩行一庚申年十一月二十六日生壬午鄉試二十二名會試四十三名

廷試三甲四十九名 戶部觀政[illegible]四川巴縣知縣

曾祖瀛

祖偕

父棠

母黃氏 弟懿

具慶下 娶唐氏 子以謙 以讓 以誠

張泮 貫山西太原府忻州民籍學生字有源號文溪治書行一庚申年十一月二十八日生壬午鄉試十八名會試三百二十二名

廷試三甲三十名 吏部觀政[illegible]陝西三原縣知縣

曾祖世仁歲貢府[illegible]

祖言

父守廉[illegible]

母逯氏 弟潛 滋

慈侍下 娶王氏 子弘業 弘緒 弘基

丁元薦

貫浙江湖州府長興縣民籍國子生字長孺號慎所治書

行一庚申年十二月十一日生乙酉鄉試三十名會試八十五名

工部觀政

廷試三甲四十名

曾祖曜 益府典膳

祖良卿 州同知累贈儒林郎大理寺右寺正

父應詔 辛未進士江西僉事

母李氏 累封安人

重慶下

弟元慶 元輔 元德 元英 元美

娶臧氏

梅守峻

貫直隸寧國府宣城縣軍籍學生字貞卿號春濤治禮

記行二庚申年十二月十三日生壬午鄉試四名癸未會試八十八名

吏部觀政

廷試二甲三十四名

曾祖玠

祖棖 王府典膳

父繼善 安慶府學教授

母張氏

具慶下

兄守德 辛丑進士參政 守相 庚午舉人 守極 丙子舉人

弟守和 乙酉舉人

娶萬氏

子懋祚

李伯華

貫山東萊州府掖縣民籍學生字允實號大澤治詩行
庚申年十二月二十二日生丙子鄉試六十九名會試二百八十一名
廷試三甲一百五十六名通政司觀政

曾祖瑞
祖廷佐 壽官
父先芳 儒官
母孫氏 弟仲華 僔華 似華 攸華 侗華
重慶下 娶周氏

陸埜

貫山東登州府登州衛籍府學生字子聞號鳴皋治書行
三庚申年十二月二十五日生己卯鄉試四十一名會試二百四十九名
廷試二甲五十二名 戶部觀政

曾祖琮
祖鎬 教諭
父僑 訓導 兄基 訓導 在 垕 壯 俱生員
母王氏
永感下 娶徐氏 子一貫 一真 一致

沈天啓

貫南京工部寶源局匠籍直隸蘇州府崑山縣人國子生字生予
號玄初治易行二辛酉年正月初八日生壬午鄉試六名會試二百七十二名
戶部觀政 授江西奉新縣知縣

廷試三甲六十五名

曾祖海

祖華

父承學

母吳氏

具慶下　弟天選　娶胥氏

張令聞

貫直隸常州府江陰縣軍籍附學生字叔聞號畏喦治
書行三辛酉年正月二十日生乙酉鄉試一百十名會試二百二十一名

廷試三甲五十六名　工部觀政

曾祖紛

祖輅 楚府良醫

父咢　兄令德　令聞

母馮氏　生母陳氏　弟令名

慈侍下　娶吳氏　子兆科

顧雲鳳 貫直隸蘇州府常熟縣民籍學生字伯翔號瑞菴治詩
行一辛酉年二月初四日生乙酉鄉試十八名會試三百二名

廷試二甲二十三名 刑部觀政

曾祖闇

祖榮

父汝成

母陳氏 繼母張氏 弟雲鴻 生員

重慶下 娶楊氏

王德完 貫四川順慶府廣安州民籍國子生字子醇號希泉治禮記行五辛酉年二月二十一日生己卯鄉試四十九名癸未會試五十五名

廷試三甲四十二名 都察院觀政改翰林院庶吉士

曾祖瀛 壽官

祖世官 壽官

父梁 舉人知縣

嫡母鄧氏 生母楊氏

兄德恒 德進 俱庠生 德光 舉人 德成 庠生

慈侍下 娶李氏 子瑾 瑜

李杜

貫山西大同府大同縣民籍直隸揚州府泰興縣人學生字汝唐號
肖僑治易行三辛酉年三月十九日生己卯鄉試二十名會試一百六名

廷試三甲二百十二名　禮部觀政

曾祖瑛

祖滿　贈奉政大夫　兵部郎中

父承式　湖廣按察使

母郭氏贈宜人　繼母閆氏封宜人　生母王氏

具慶下

兄模監生　植知州前太僕寺少卿　梃　櫎俱庠生　栱

弟樹　楫俱庠生　枝　棹

娶薛氏　繼娶

劉為楫

貫順天府霸州民籍學生字時用號濟滄治易行二辛酉
年五月初四日生乙酉鄉試十八名會試一百五十四名

廷試三甲二百五名　通政司觀政改翰林院庶吉士

曾祖舉

祖大中庠生

父自道冠帶生員

母范氏

具慶下

兄為霖庠生　為楨庠生

弟為幹　為健　為澤

娶李氏　繼娶尚氏　子光祖　孝祖

劉源澄 貫直隸常州府無錫縣軍籍國子生字清之號湛明治詩
行三辛酉年五月十九日生乙酉鄉試十四名會試五十一名
廷試三甲一百十三名 戶部觀政
曾祖誠
祖旦
父芳聲 鄧州知州致仕
母裴氏
下
兄源深 源潔 俱庠生
弟源清 源洪 庠生
娶張氏 子玉樹 玉林 玉森

聶世潤 貫四川保寧府劍州民籍學生字德甫號雨軒治書行二辛
酉年九月二十二日生己卯鄉試四十一名會試一百十名
廷試三甲一百四名 工部觀政
曾祖朝忠 庠生
祖敏 庠生
父可大 庠生
母毋氏
具慶下
兄世濟 知縣
弟世澄 庠生
娶梁氏 子明楨 明榦 明相 明柱

陳所問

貫山東萊州府平度州濰縣軍籍國子生字爾重號芸窓

治詩行二辛酉年九月二十八日生丙子鄉試七十三名會試三百二十五名

廷試三甲七十一名 刑部觀政 授直隸真定縣知縣

曾祖策 壽官

祖瀍 壽官

父懿訓 庠生

母馬氏

具慶下

兄所養 舉人

弟所好 庠生 所傳 所行 所尚 庠生 所則 所考 所守 所述 所信 所願

娶趙氏 繼娶郎氏

子祝泰 祝禎 祝祚

呂兆熊

貫直隸真定府趙州柏鄉縣民籍國子生字宗望號渭陽治

易行一辛酉年十一月初十日生壬午鄉試六十七名會試二百八名

廷試三甲四十七名 吏部觀政 授直隸崑山縣知縣

曾祖泰

祖朝用

父新芳

母趙氏

重慶下

弟飛熊 生員 維熊 夢熊

娶魏氏

子昌祚

蔡思穆

貫湖廣長沙府攸縣軍籍國子生字夢敬號熈垣治易行四 辛酉年十二月二十五日生巳卯鄉試七十九名會試三百十一名

廷試三甲一百名 兵部觀政

曾祖惠（義官）

祖國誥

父甫（選貢任縣丞致仕）

母洪氏

永感下

兄思舜（舉人知縣） 思位（丁卯亞魁） 思科（庠生） 思和（己卯同榜舉人） 思秩（庠生）

弟思積 思稠

娶劉氏 子承僉 承企

曹愈參

貫四川重慶府涪州軍籍國子生字右清號方麓治易行一 壬戌年正月十四日生巳卯鄉試六十九名會試一百七十九名

廷試三甲一百五十八名 吏部觀政

曾祖介（庠生）

祖中道

父第（增廣生）

母夏氏

具慶下

弟愈彬（庠生）

娶張氏 繼娶洪氏 子來覲 來述 來貢 來遇

李日茂 貫直隸河間府青縣民籍附學生字文華號培吾治詩行一壬戌年二月十八日生乙酉鄉試七十五名會試二百五十三名

廷試三甲二百二十六名 戶部觀政

曾祖亮

祖寶

父棟 梁 庠生

母顧氏 弟日盛 日強

嚴侍下 娶于氏 子登科 登第 登名

郭俊 貫陝西西安府渭南縣軍籍學生字公顯號青坪治禮記行一壬戌年四月初八日生乙酉鄉試五名會試二百七十六名

廷試二甲六十二名 都察院觀政

曾祖[illegible] 舉人

祖朱[illegible]

父闔南 廩生

母孟氏 弟僑 壬午亞魁 伸

永感下 娶張氏

楊廷蘭

貫江西南昌府南昌縣民籍學生字秀夫號芳臺治禮記行十壬戌年五月初九日生乙酉鄉試五十七名會試九十一名

廷試三甲一百六十六名　刑部觀政

曾祖仕武

祖天祐

父海應

母羅氏

具慶下

弟廷桂　廷梧

娶王氏　子執中　用中　時中

歐陽勁

貫廣東廣州府從化縣軍籍國子生字懋節號梅洲治詩行四壬戌年五月十二日生己卯鄉試八名會試一百十四名

廷試三甲一百十八名　刑部觀政

曾祖禺

祖蘭　官義

本生父頊　鄉飲賓

[illegible]

本生嫡母李氏　生母何氏

繼母梁氏

永感下

兄勛　恩貢　邑生　勣　壽官　昜

弟劭　以

娶李氏　子昌黃

朱昌

貫四川叙州府富順縣民籍國子生字泰甫號夢環治詩行二壬戌年六月初二日生癸酉鄉試四十四名癸未會試三百三十七名

廷試三甲一百八十八名 通政司觀政

曾祖懋 壽人

祖紀 生員

父望之 兄宗禮 祚 禎 蓉 葵 俱生員

母韓氏 弟芹 生員 葤 芬 藿 藻 芮 荃 薦 芃 英

嚴侍下 娶周氏 方氏 子志舜 志禹 志文 志武

金繼震

貫直隸徽州府休寧縣民籍增廣生字長卿號戴槐治易行二壬戌年六月十五日生乙酉鄉試七十一名會試一百一名

廷試三甲一百十名 吏部觀政授直隸濬縣知縣

曾祖惟陸

祖鵬

父沭滋 辛酉舉人 兄繼訓 繼典 繼章 庠生 繼綱 繼言 繼韶

母蘇氏 繼母徐氏 弟繼爾 繼登 繼彥 繼綸

慈侍下 娶朱氏 子三輔 三垣 三偉 三宅

陶明禮 貫廣西平樂府平樂縣民籍學生字天産號偉西治禮記
行二壬戌年六月十八日生壬午鄉試二名會試二十八名
廷試三甲九十二名 通政司觀政
曾祖金 州同知
祖秀 知縣累贈奉政大夫
父守訓 知府致仕祀名宦
前母李氏贈宜人
母蔣氏封安人贈宜人
永感下
兄明春 庠生
弟明易 明書
娶何氏 子文教 名教 至教 善教

陳所見 貫直隸保定府定興縣民籍學生字實是號忠宇治春秋
行一庚戌年十月十九日生乙酉鄉試四十九名會試二百五十一名
廷試二甲五十一名 戶部觀政
曾祖繼先
祖儒
父朝用
母王氏
具慶下
弟所聞 所得 所職 所知
娶樊氏 子廈系 廈後

陳應龍 貫福建福州府侯官縣民籍學生字德見號起甲治易經行三壬戌年七月二十一日生乙酉鄉試四十六名會試三名

廷試二甲二十五名 戶部觀政

曾祖綸 省祭

祖恭

父子芳 知州

母袁氏

具慶下

兄應箕

弟應麟 應元 生員 應魁 應鶚 應鳳

娶羅氏 子紹先 紹美 紹慶

伍文煥 貫四川敘州府富順縣民籍宜賓縣人學生字在中號象明治詩行一壬戌年八月十五日生乙酉鄉試六名會試二百九十八名

廷試三甲二百四十七名 兵部觀政

曾祖禮

祖弟脩

父枝芳

母李氏

嚴侍下

娶[illegible]氏 子兆科 兆第 兆魁 兆選

曹璜 貫山東青州府益都縣民籍附學生字維章號楚石治
詩行二壬戌年八月二十三日生壬午鄉試五十五名會試一百二名
廷試二甲四十三名 工部觀政

曾祖聰
祖崇 衡府庫官
父仲
母高氏
具慶下

兄珩
弟珠 璉生員 珍生員
娶蘇氏 子養貞

夏爊 貫浙江湖州府烏程縣民籍附學生字汝翼號冲
褱治易行二壬戌年九月初五日生乙酉鄉試六十五名會試一百五十九名
廷試二甲十九名 禮部觀政

曾祖廣
祖昭
父儒
前母姚氏 母陳氏
具慶下

兄煥 煒俱庠生
娶沈氏 子衡昌 衡奇 衡嘉

二十二

高從禮 貫浙江杭州府仁和縣民籍附學生字質甫號青厓治詩經行三 壬戌年九月十四日生乙酉鄉試七十四名會試一百八十六名
廷試二甲六名 禮部觀政授刑部山西司主事
曾祖琚
祖鸞
父科
母王氏
慈侍下
兄朗主簿 朋 道中庠生 從詩 從書
弟望 從易
娶鍾氏 繼聘馬氏

楊繼先 貫直隸保定府定興縣民籍學生字思孝號肖吾治詩行一 壬戌年九月三十日生壬午鄉試五十五名會試一百三十六名
廷試三甲六十名 通政司觀政授山東歷城縣知縣
曾祖潤
祖律貢監
父培貢生
母閻氏
具慶下
弟志先 守先庠生 儆先庠生
娶王氏

趙世典

貫福建泉州府晉江縣軍籍國子生字伯循號仰巒治春秋
行一壬戌年十月初五日生壬午鄉試八十一名會試一百十二名
廷試三甲七十五名　都察院觀政[illegible]授江西樂安縣知縣
曾祖信 贈戶部主事
祖恒 戊戌進士知府入名宦以進階中憲大夫
父川新 癸未進士戶部主事
母汪氏　弟世敷 世敦 世徽 世斌 世蕆 世儆 世斅 世徵 世澤 世泳
重慶下　娶王氏　子元圖 元頌

王一魁

貫陝西漢中府洋縣軍籍國子生字斗垣號洋川治易行一壬
戌年十月初五日生乙酉鄉試十二名會試三百二十八名
廷試二甲二百三十一名刑部觀政
曾祖讙
祖平 增廣生
父承光 庠生
母張氏 繼母杜氏 禹氏　弟一鶴 一麟
具慶下　娶淡氏　子夢焙 夢熊 夢虺

艾維新

貫河南開封府蘭陽縣民籍國子生字希周號時宇治易行一

壬戌年十月二十三日生壬午鄉試十九名會試一百七十名

廷試三甲一百九十八名兵部觀政

曾祖廷舉典縣

祖芳耆[illegible]

父鳳鳴鴻臚寺鳴贊封徵仕佐郎

母牛氏

具慶下

娶袁氏

子有馨

田大益

貫四川重慶府定遠縣民籍學生字或損號博真治易行三

壬戌年十二月初三日生己卯鄉試二十六名會試四十四名

廷試三甲二百四十二名戶部觀政

曾祖臣監生

祖賜訓導

父騰舉人

母何氏封孺人

具慶下

兄大年按察司副使　大仁監貢

弟大本生貢　大受

娶姬氏

子承點　承翼

蔣行義 貫福建福州府長樂縣軍籍學生字思弼號恪菴治詩行二壬戌年十一月二十日生乙酉鄉試三十七名會試一百十名

廷試三甲一百七十六名戶部觀政

曾祖資生

祖后武

父最申

母黃氏

重慶下

弟見可 尚可 喬遷 喬遠 邦教 邦治

娶林氏 子英芳

黃汝良 貫福建泉州府晉江縣民籍學生字明起號毅菴治禮記行二壬戌年十二月初五日生乙酉鄉試五十七名會試二名

廷試二甲十六名 大理寺觀政改翰林院庶吉士

曾祖懋

祖伯善 浙江衢州府同知贈中憲大夫

父憲清 [illegible] 州浙同知

母陳氏 封[illegible]

兄汝封 監生

弟居中 乙酉舉人 汝忠 汝朏 汝為 汝皓 汝光 汝美

重慶下

娶李氏 子慶雲

馬思恭

貫順天府遵化縣軍籍附學生字君篤號玄默治易行四
壬戌年十二月二十六日生壬午鄉試二十四名會試九十五名
廷試三甲二十六名
都察院觀政授山東冠縣知縣
曾祖傑 冠帶總旗
祖龍 冠帶總旗
父蕙 周府教授
前母張氏 白氏 母蘇氏
兄思臧 思賢 引禮舍人 思作
慈侍下
娶陳氏 子列

顧紳

貫雲南鶴慶府軍籍直隸崑山縣人增廣生字知非號初臨
治易行一癸亥年二月十一日生壬午鄉試二十一名會試一百四十一名
廷試三甲一百七十四名吏部觀政
曾祖行
祖清
父志嫻
前母吳氏 母彭氏 繼母黃氏 弟綬 生員
具慶下
娶彭氏 子起渭 起洛 起澤

王道正

貫府軍左衛籍山東濟南府霑化縣人學生字惟德號思[illegible]

泉治易行一癸亥年二月初十日生乙酉順天鄉試一百十二名會試三百三十六名

廷試三甲一百五十四名 都察院觀政改翰林院庶吉士

曾祖宣

祖欽

父经

前母戴氏 母胡氏

永感下

弟道和 道弘

娶趙氏

王一鳴

貫湖廣黃州府黃岡縣軍籍學生字伯固號石麓治禮記

行三癸亥年四月二十一日生壬午鄉試八名會試十七名

廷試三甲七十四名 都察院觀政 授直隸太湖縣知縣

曾祖廷儒 舉人南京都察院都事

祖向京 國子生

父追美 辛酉舉人

母汪氏

永感下

兄一中 廩生 一奇

弟一治 貢生 一文 一寧

娶易氏 子封東

項德楨 貫錦衣衛籍浙江嘉興府秀水縣人國子生字廷堅號玄池治書行一癸亥年五月初四日生乙酉順天鄉試三名會試二十名

廷試三甲一百五十二名 工部觀政

曾祖綱 知縣

祖銓 鴻臚寺序班贈南京吏部考功司郎中

父篤壽 壬戌進士廣東左參議

前母鄭氏 贈宜人 母馮氏 封宜人 弟德棻 生員

嚴侍下 娶屠氏 子洪謨

戴燝 貫福建漳州府長泰縣軍籍附學生字亨融號今梁治易行二癸亥年十月初七日生壬午鄉試九十名會試二十九名

廷試三甲六名 刑部觀政授行人司行人

曾祖時宗 都察院右僉都御史

祖渭 生員

父元勳 楚府奉祀正

母林氏

兄燿 江西按察司按察使 炫 煜 俱監生

弟燽 熺 火 燦 熻 員 俱生員 煊 監生 鎏 焯 燨 熇 焆 烇 熵

重慶[illegible]

韓范

貫山西澤州沁水縣民籍國子生學思恭號振西治春秋行一

癸亥年六月初十日生乙酉鄉試三十六名會試三百三十一名

廷試三甲二百七十九名 吏部觀政

曾祖銳

祖崑

父子義 知縣

母李氏　弟蒲 藻

具慶下　娶張氏　子仰泰 仰斗 仰華

李汝珪

貫江西南昌府南昌縣民籍學生字元錫號瑞臺治詩行九

癸亥年九月十二日生乙酉鄉試十八名會試一百六十名

廷試三甲二十三名　刑部觀政 授河南河南府推官

曾祖大會 生員

祖沃 生員

父美 主簿

母鄭氏　弟汝睦 增廣生 汝封 汝對

重慶下　娶謝氏　子士鋐

袁茂英

貫浙江寧波府慈谿縣民籍學生字君學號文海治詩行二十九癸亥年十月十二日生乙酉鄉試八名會試一百六十六名

廷試三甲一百六十二名禮部觀政

曾祖載 按察司副使

祖鏢

父宗泗

母桂氏 繼母羅氏

嚴侍下

兄茂功 茂育

弟茂益 茂名 茂科 茂俊

娶馮氏

安希范

貫直隸常州府無錫縣民籍附學生字小范號我素治書行一甲子年正月十四日生乙酉鄉試五十四名會試一百三十二名

廷試三甲九名

工部觀政 授行人司行人

曾祖祚

祖國 贈戶部[illegible]

父如陵 [illegible]

母[illegible] [illegible]

慈侍下

兄希堯 希禹 [illegible] 希夔 希顥 希龍 希契 希顧 希益

廸吉 貞吉 復吉 謙吉 撝吉

娶談氏 繼娶張氏

韓邦域 貫福建福州府侯官縣軍籍學生 字仕廣 號萬[illegible] 治禮記 行一 甲子年正月二十三日生 壬午鄉試五名 會試一百十九名

廷試三甲一百四十一名 大理寺觀政

曾祖源

祖椿 儒官

父文炫 教官

母甘氏

重慶下

弟邦坦 邦均 邦址

娶陸氏 宋氏 子廷鑑

胡克儉 貫河南汝寧府光山縣民籍增廣生 字我虛 號趨做 治易 行二 甲子年正月二十五日生 乙酉鄉試三十名 會試三百三十八名

廷試二甲三十一名 通政司觀政 改翰林院庶吉士

曾祖智 贈仕郎戶科給事中

祖士璋 義人

父瑄 學生

母王氏

嚴侍下

兄克敬 生員 克勤

弟克讓

娶何氏 子澂 濬 渾

李養質 貫山西平陽府蒲州民籍增廣生字從樸號洒醇治書行三甲子年正月二十八日生乙酉鄉試四名會試三百四十五名

廷試三甲一百十七名 兵部觀政

曾祖遐 [illegible]

祖鍾

父鴻恩 州庠生

前母楊氏 母馮氏

具慶下

兄養才 養勳

娶楊氏

子緝芳 紹芳 繩芳

張和中 貫山東濟南府濱州軍籍學生字可青號同春治禮記行二甲子年四月十一日生壬午鄉試十五名會試三百三十九名

廷試二甲三十九名 兵部觀政

曾祖孟繡 [illegible]郎中入名宦

祖延度 [illegible]

父張[illegible] [illegible]

母王氏

重慶下

兄黃中 美中 貞教 生員

弟剛中 健中 純中 粹中 次微 次璧

娶王氏

子顯翎 儀翎

祝以豳 貫浙江杭州府海寧縣匠籍學生字孟劉號惺存治易行二

甲子年六月二十五日生壬午鄉試九名會試二百九名

廷試二甲九名 刑部觀政授湖廣隨州知州

曾祖蕃 舉人知縣

祖繼倫 舉人知縣刑部主事

父世廉 癸丑進士汝寧府知府

母周氏 封安人

慈侍下

兄萬年 萬鍾 萬鈞 以鳳 以鵬

弟以鶴 以鳶 以鳴 以鷟

娶毛氏

李啓美 貫江西南昌府豐城縣軍籍國子生字應成號充予治詩行八

甲子年七月初二日生壬午鄉試九名會試四十名

廷試三甲十二名 通政司觀政改翰林院庶吉士

曾祖光亂 贈通官誥贈大中大夫

祖璜 己酉舉人任寶應知縣致仕封兵部郎中誥封中憲大夫三封大中大夫通政司右通政

父廷章 國子生

母熊氏

重慶下

兄啓曉 啓隆 俱庠生

弟啓文 啓坤 啓嘉 啓晉 啓益 啓登 啓泰 啓朝

娶劉氏 子承訓

李起元

貫直隸順德府南和縣民籍學生字惺原號聽予治易

行三甲子年七月三十日生壬午鄉試一百十七名會試三百四十二名

廷試三甲二百二十二名　都察院觀政

曾祖勤

祖繼

父冲漢

母范氏

具慶下

兄復初　復元庠生

娶劉氏　子慎習　慎介

黃承玄

貫浙江嘉興府秀水縣籍直隸蘇州衛守禦嘉興千戶所人國子生字

履常號與參治書甲子年八月二十六日生壬午順天鄉試六十五名會試一百九十一名

廷試二甲七名　兵部觀政授工部都水司主事

曾祖鶴年贈中憲大夫安慶府知府

祖綜中憲大夫貴州按察司副使

父洪憲翰林院侍讀

母沈氏封孺人

重慶下

弟承乾庠生　承昊

娶屠氏　子中錫

樊　鎔　貫山西太原府盂縣民籍學生字汝陶號惺菴治書行一甲
子年十一月初四日生壬午鄉試七名會試二百十三名
廷試三甲一百七十三名　大理寺觀政
曾祖珂
祖懋　縣丞
父九儀　兄鑑　鍊　鏜　鉼
母董氏　繼母王氏 趙氏　弟鎬　鋐
嚴侍下　娶王氏　子繼魁　世魁　嗣魁

盧明諏　貫浙江台州府黃巖縣民籍學生字君敎號既華治詩行
四乙丑年正月十九日生乙酉鄉試六十二名會試四十六名
廷試三甲二百六十一名　禮部觀政
曾祖富登
祖慶賓
父文謨　兄敏學　明讓　明謹　俱生員
前母黃氏　母吳氏　弟明諫　明諟
具慶下　娶蔡氏

吳應賓 貫直隸安慶府桐城縣民籍學生字尚之號觀我治春秋
行四乙丑年三月初七日生乙酉鄉試三十二名會試五名
廷試二甲三名 戶部觀政改翰林院庶吉士
曾祖希瑞 庠生
祖堂 庠生封贈中憲大夫按察司副使
父一介 丙辰進士河南右布政 兄應宿 癸酉舉人 應宸 庠生 應寀 廩生
母汪氏封恭人 繼母程氏恭人 弟應宁
慈侍下 娶胡氏

沈思充 貫浙江嘉興府桐鄉縣民籍學生字孟符號遂菴治易行一
乙丑年五月十五日生乙酉鄉試二十四名會試二百九十四名
廷試二甲十二名 工部觀政
曾祖榮
祖璠
父佳 承嗣父倧
前母鍾氏 母鄭氏 弟思亮 思明 思完 思光 思元 思章 思竟
承嗣母張氏
具慶下 娶施氏 子仁祚

馮養志 貫山西澤州高平縣民籍學生字若曾號可庭治春秋行三
乙丑年八月二十一日生壬午鄉試五名會試八十四名
廷試三甲六十七名 禮部觀政授西洛川縣知縣
曾祖誥 贈奉政大夫南京戶部郎中
祖顗 山東按察司僉事
父春 儒士
母蘇氏 繼母楊氏
具慶下
兄養性 庠生 養氣
弟養蒙 養正 養心 養大
娶朱氏 繼娶李氏 子堯年 舜華

周獻臣 貫江西撫州府臨川縣民籍學生字賓獻號青來治詩行七
乙丑年十一月初三日生己卯鄉試六十五名會試一百二十名
廷試三甲二百二十八名 禮部觀政
曾祖旵 知縣
祖濬 鄉飲賓
父謨
母馬氏
慈侍下
兄名臣 純臣 庠生
弟蓋臣 清臣 相臣 庠生 良臣 鼎臣 世臣 諫臣 近臣 堯臣 [illegible] 篤臣
娶劉氏

趙標

貫山西平陽府解州民籍學生字貞甫號淮𡋬治春秋行五乙丑年十二月二十六日生乙酉鄉試五十名會試二百三十三名

廷試三甲二百五十一名 工部觀政翰林院庶吉士

曾祖景德

祖良臣 贈中憲大夫陝西鳳翔府知府

父欽湯 戊辰進士陝西按察司副使 兄栻 梓 己卯舉人 栅 廩生 楧 學生

母陳氏 封恭人 弟樸

具慶下 娶孫氏

司諫

貫河南河南府洛陽縣匠籍國子生字信夫號直庵治易行四甲寅年九月初六日生己卯鄉試四十五名會試三百二十四名

廷試三甲一百八十五名 兵部觀政授行人司行人

曾祖洪 耆賓

祖鏞

父鶴齡 恩例儒官 兄講 庠生 讓 訓

母張氏 弟謙 議 誥 俱庠生

具慶下 娶劉氏 繼娶楊氏 子邦本

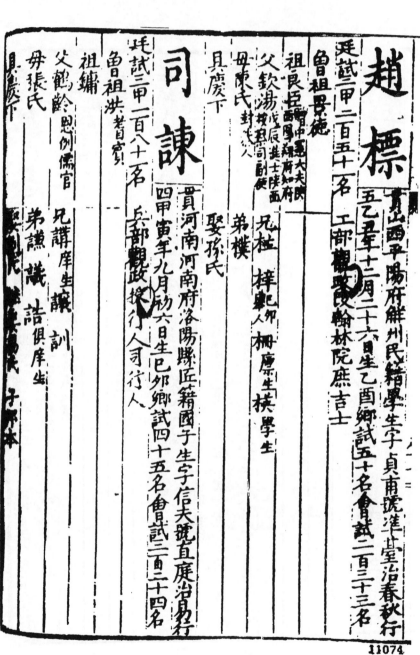

全天敘

貫浙江寧波府鄞縣民籍府學生字幼度號玄洲治易行一丙寅年

十月十九日生壬午鄉試二十八名會試一百四十五名

廷試二甲二十名　禮部觀政改翰林院庶吉士

曾祖政　縣學教諭封翰林院檢討徵仕郎

祖光立　[illegible]南京工部侍郎前翰林院侍講學士掌院事

父少成　太學生　兄天與

母楊氏　弟天懿　天授　天保　天寵　天麟　天和　天胤

重慶下　娶楊氏　子大順

周之冕

貫廣西桂林府臨桂縣民籍儒士字定甫號和台治書行三

丙寅年十二月十二日生乙酉鄉試十五名會試一百四十四名

廷試三甲二百二十七名　吏部觀政

曾祖鉞　廩生

祖良紹　勅贈文林郎

父兆熊　見任湖廣常德府同知　兄之兗　之楨

母秦氏　勅封孺人　弟之賢　庠生

具慶下　娶王氏

舒弘志 貫廣西桂林府全州民籍賓州人儒士字孺立號心矩治禮記

行二戊辰年正月二十九日生乙酉鄉試六名會試一百六十九名

授翰林院編脩

廷試一甲三名

曾祖文奎 知縣祀學正名宦贈浙江左布政使

祖烈 庠生累封浙江左布政使

父應龍 壬辰進士都察院右副都御史巡撫貴州兼督湖北川東軍務

母蔣氏 累封夫人 弟弘忠 弘惠 弘恩 弘悳 弘忎

重慶下 娶蔣氏

劉憲寵

貫浙江寧波府慈谿縣民籍國子生字抑之號行素治詩

行十一辛亥年八月十七日生己卯鄉試十六名會試五十三名

廷試甲　名

曾祖鉞

祖津

父廷寅 庠生

母葉氏

慈侍下

兄志業 按察司副使 志伊 工部右侍郎 志登 舉人 志明 志在 舉人

弟志服 志徹 庠生 志選 刑部主事 志僎 庠生 志昕 寵 庠生 志曉 志昇

娶王氏

徐之孟

貫浙江湖州府德清縣　籍國子生字　號　治易行

年　月　星　鄉試　名會試五十八名

廷試甲　名

曾祖

祖

父

母

下

兄

弟

娶　氏

子

顏宇坪

貫湖廣德安府　縣　籍學生字　號　治書行　年　月　日生　鄉試　名會試一百三十七名

廷試　甲　名

曾祖

祖

父

母　下　娶　氏　子

兄

弟

王玠

貫廣東廣州府清遠縣民籍學生字必彥號心亭治易行三庚申年九月十六日生乙酉鄉試六十九名會試一百五十名

廷試　甲　名

曾祖忠 主簿

祖日高

父宗源 鄉耆　兄瑚　玭

前母鄧氏　母馬氏　弟璘 生員　璞　瓚　球

慈侍下　娶孔氏　子

郭士吉

貫直隸真定府冀州南宮縣民籍學生字希參號清宇治詩行二甲子年九月二十一日生乙酉鄉試六十名會試一百五十八名

廷試　甲　名

曾祖整

祖潔

父繼祖　兗州府教授

前母楊氏　母張氏　繼母韓氏

兄士謙　庠生

永感下

娶李氏　子履中

周琦

貫直隸蘇州府常熟縣民籍增廣生字瓶伯號景韓治詩行甲寅年九月十六日生乙酉鄉試一百二十六名會試一百六十八名

廷試　甲　名

曾祖伯昌

祖祀

父仁

母王氏

弟瑋　庠生　復盛　增廣生

永感下

娶張氏　子良翰

張鶴鳴 貫河南潁川衛 籍國子生字 號 治易行
年 月 日生 鄉試 名會試一百八十九名
廷試 甲 名
曾祖
祖
父
母
兄
弟
娶 氏 子
下

宋師程 貫直隸廣平府 縣 籍學生字 號 治詩行
年 月 日生 鄉試 名會試一百九十八名
廷試 甲 名
曾祖
祖
父
母
兄
弟
娶 氏 子
下

李原中

貫浙江嘉興府嘉興縣民籍國子生字君時號曙岩治禮記

行戊午年三月十三日生順天鄉試癸酉四十三名會試二百二十五名

廷試　甲　名

曾祖江

祖湘州判贈文林郎

父芳壬戌進士同知

母王氏封孺人

重慶下

兄秉孚貢生

弟應徵同科舉人　秉亮　秉彥　秉純　秉文貢生

娶項氏　子懋端　士嵩　廷愷　明瑞　華崑

陳世恩

貫河南歸德府夏邑縣籍增廣生字　號　治易

行　年　月　日生　鄉試　名會試二百八十二名

廷試　甲　名

曾祖

祖

父

母

下

兄

弟

娶　氏　子

洪其道 貫 汝寧府商城縣 籍附學生 字 號 治易 行
廷試甲 名 年 月 日生 鄉試 名 會試 三百五名
曾祖
祖
父 兄
母 弟
下 娶 氏 子

劉湧 貫河南汝寧府商城縣 籍附學生 字 號
廷試甲 名 年 月 日生 鄉試 名 會試 名
曾祖
祖
父 兄
母 弟
下 娶 氏 子

機莞
恩幸至隆每自惟頂踵不足報萬
分一則攝衣吐哺陰求天下
之賢者以日月薦引未嘗不
心盡也然臣又自謂曩者未
嘗報
上報

上自今日始何則因六藝之筌蹄
攬四方之羔雉其得人較廣
而又會
聖主更化起敝丕釐士習之初有
司者奉行乙酉
詔書一切程士之文不夙構而具
臣乃得顓其日夜之力於校

文錄成而
獻之幸不辱
命此非臣之能乃
上固以不欺教臣也抑臣竊嘗嘆
世有大欺而習焉不察者夫
令主司之程士其有不搤吭
談成弘之際者乎其亦有以

成弘之文課子弟者乎士之
字雕句繢剽獵諸子二氏之
唾餘見謂弗收至主司自爲
辭非諸子二氏無取也籍具
在此可謂不欺否臣以爲
明興迨今太平盛理如日方中
皇上紹隆棫樸弘振典謨久道之

化且日融月浹士當其扶輿
元氣盡洩之時勢不得不日
趨於文而主司業受其必趨
之勢蓋太牢以進自不得復
藉口含菽飲水之適也故臣
今者相士神識藻采無所偏
遺間亦頗參諸子二氏微言

不詭於六籍者惟剽獵雕繢
無取焉而臣又不敢自犯綺
語戒以明不欺使夫按籍索
臣者知其無違心之趣舍退
而與子弟無後言也蓋古志
有之以表示目以鼓語耳臣
亦望諸士之耳目臣而効之

上也故曰報
上自今日始雖然士卽其一日之
信臣耳錄旣成
獻臣且率之見
上而儼然班榮次奉奔走焉其名
甚羶其途甚遠甚羶則無所
不嗜甚遠則無所不跡是歟

之端百而其耳目臣者一也
臣何敢不懼異日者臣乃在
史局錄士順天未關聞吏議
而士又方其頡舉鄉校爲諸
生臣竊不自揆以爲賢者遭
時砥礪立節顯名爾毋庸以
賓興爲懼府當是時士聞臣

若言毋不灑然生氣者臣亦

且自珍敝帚守之至於今十

四年往矣臣非復在史局時

士亦非復顓舉爲諸生時會

今年天下新計吏

上所受郡國之計簿臣以職事得

與聞因退而私考故所期砥

礪立節顯名之士大都悃愊

治辦無全材監司臺省無全

譽而臣始懼矣

上赫然用重典以賞罰示激勸如

持兩衡而主廉司鞫之吏常

苦夫人情之多疑怯行賞而

勇議罰而臣始又益懼矣一

臣之身乃空言之與吏事何
如哉士卽其過信臣則臣之
敝帚無爲也嘗試閱當世之
故考得失之林周章漢條三
五申令能自引經生束首受
吏法否臨岐路而涉末流能
介然有所不爲不欲不言否

負俗豪舉智勇功名之會能

毋以矜效爲性眞脂韋爲骨

體否能敝車羸馬以

朝入里門而趨勞能謙滿能挹

否此屈指一不當而世輒以

荃茅同腐而棄之曰

上且彌天置羅歲溢額五十人焉

顧直患官少不足充貢牒爾
無所事惜才爲也此臣之所
以爲士懼也且夫效
主酬知保終釋懼則義莫如不欺
者然不欺難言矣布衣伏處
之士獨行惟影獨寢惟衾斯
可以肝膽不外見而遁也若

乃同任職而良楛見同趣名
而靜躁見同游世而茹吐見
夫且奚適哉文中子曰我未
見詐靜僞儉者又曰惡衣薄
食少思寡欲令人以爲詐我
則好詐焉不爲誇衒若愚似
鄙令人以爲恥我則不恥也

此皆待尋聲辨貌以知其肝
膽士獨奈何敢輕言不欺故
浮澆在前功實居後而謬悠
自信以鄉評官論舉無足懼
者則言不欺乃欺也臣故以
臣之自爲懼終不欺之說焉
在易漸之六爻以鴻之漸翔

取象仕進而初之于三之陸
四之木五之陵大抵皆兩立
貞悔之交當喜而懼者其間
獨磐之衎衎見謂無懼然聖
人且以素飽戒之乃後始歸
之升逵不亂而吉於戲懼豈
獨在臣哉士惟毋忘懼則臣

亦且毋忘故錄士順天之言
行復抵掌而效之臣不懼矣
是役也同考試官用科臣議
廣額一員是爲諭德臣志皐
洗馬臣用賢侍讀臣訥侍講
臣朝節編修臣可教臣起元
臣德政臣琦臣復豐臣良有

臣庭譔檢討臣紹芳都給事中臣世臣左給事中臣芳給事中臣與郊郎中臣克念臣謙主事臣一中而監試御史臣仕臣登雲曁闌外譏防御史臣顧雲程臣周盤皆以故事得備書

資善大夫禮部尚書兼文淵
閣大學士王錫爵謹序

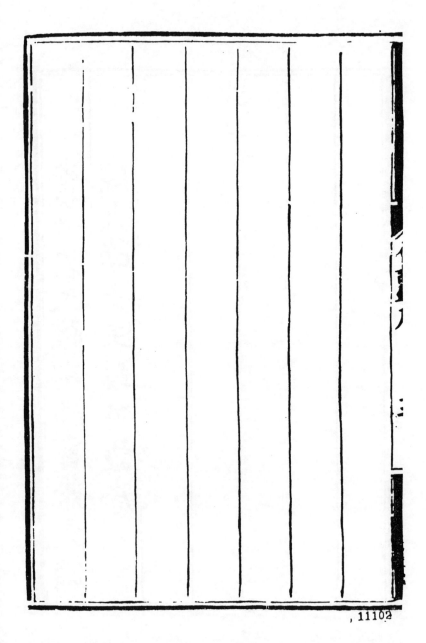

萬曆十四年會試

知貢舉官

資善大夫禮部尚書兼翰林院學士沈鯉 仲化河南商丘縣籍直隸歸德衛人乙丑進士

嘉議大夫禮部左侍郎兼翰林院侍讀學士朱賡 少欽浙江山陰縣人戊辰進士

考試官

資善大夫禮部尚書兼文淵閣大學士王錫爵 元馭直隸太倉州人壬戌進士

通議大夫吏部侍郎兼翰林院侍讀學士掌詹事府事周子義 以方直隸無錫縣人乙丑進士

同考試官

奉訓大夫左春坊左諭德兼翰林院侍讀趙志皐 汝邁浙江蘭谿縣人戊辰進士

奉訓大夫司經局洗馬兼翰林院修撰趙用賢 汝師南直隸常熟縣籍江陰縣人辛未進士

翰林院侍讀承直郎盛訥 敏叔陝西潼關衛籍直隸定遠縣人辛未進士

翰林院侍講曾朝節 直卿湖廣臨武縣人丁丑進士

翰林院編修文林郎陸可教 敬承浙江蘭谿縣人丁丑進士

翰林院編修文林郎楊起元 貞復廣東歸善縣人丁丑進士

翰林院編修文林郎楊德政 公亮浙江鄞縣人丁丑進士

翰林院編修文林郎馮琦 用韞山東臨朐縣人丁丑進士

翰林院編修文林郎莊履豐 中熙福建晉江縣人丁丑進士

翰林院編修文林郎蕭良有 以占湖廣漢陽縣人庚辰進士

翰林院編修文林郎王庭譔 敬卿陝西華州人 庚辰進士

翰林院檢討徵仕郎顧紹芳 實甫南直隸太倉州籍 崑山縣人丁丑進士

文林郎吏科都給事中齊世臣 仲良江西南昌縣人 辛未進士

刑科左給事中楊芳 以治四川巴縣人 丁丑進士

徵仕郎吏科給事中陳與郊 廣野浙江海寧縣人 甲戌進士

奉直大夫吏部考功清吏司署郎中事員外郎黃克念 睿卿河南寧陵縣人 辛未進士

奉議大夫兵部職方清吏司郎中王謙 子牧錦衣衛官籍山 西蒲州人丁丑進士

承德郎工部屯田清吏司主事沈一中 長孺浙江鄞縣人 庚辰進士

監試官

文林郎浙江道監察御史宋　仕　汝學山東平原縣人　辛未進士

文林郎山西道監察御史陳登雲　從龍直隸唐山縣人　丁丑進士

提調官

承德郎禮部主客清吏司署員外郎事主事李同芳　濟美直隸崑山縣人　庚辰進士

承直郎禮部儀制清吏司主事高　桂　仲芳山東濰縣人　丁丑進士

印卷官

奉政大夫禮部儀制清吏司郎中張之屛　憲夫山西沁水縣人　甲戌進士

承直郎禮部儀制清吏司署員外郎事主事張　坤　伯潤湖廣鍾祥縣人　癸未進士

收掌試卷官

徵仕郎中書舍人鄭廷昇 子猶福建福清縣人 官生

辦中書舍人事鴻臚寺主簿廳主簿湯應龍 時化錦衣衛籍直隸 廣德州人儒士

受卷官

奉直大夫直隸河間府景州知州李芳 本植山東霑化縣人 庚辰進士

順天府昌平州密雲縣知縣田勸 作民河南潁川衛籍直隸潁州人癸未進士

文林郎直隸廣平府曲周縣知縣李文郁 先質河南禹州人 丁丑進士

直隸廣平府肥鄉縣知縣雒于仁 依仲陝西三原縣籍 涇陽縣人癸未進士

彌封官

直隸真定府冀州知州方應選 衆甫直隸華亭縣人 癸未進士

順天府通州寶坻縣知縣管應鳳 儀和浙江餘姚縣人 丁丑進士

文林郎直隸保定府唐縣知縣萬自約 業禮山西太原右衛人 庚辰進士

直隸河間府河間縣知縣夏之臣 貢禹直隸亳州人 癸未進士

謄錄官

直隸保定府清苑縣知縣王　政 立之山西孝義縣人 癸未進士

直隸保定府易州淶水縣知縣杜和春 體乾陝西隴西縣人 丁丑進士

文林郎直隸河間府獻縣知縣張汝蘊 子發山東章丘縣人 庚辰進士

直隸廣平府廣平縣知縣沈子來 汝脩浙江歸安縣人 庚辰進士

對讀官

直隸永平府樂亭縣知縣于永清 字潔山東商河縣人 癸未進士

直隸真定府井陘縣知縣孫瀾 字源河南滎陽縣人 丁丑進士

直隸大名府元城縣知縣張燁 字華山東濱州人 癸未進士

直隸大名府清豐縣知縣李應選 字登山西趙城縣人 丁丑進士

巡綽監門官

懷遠將軍金吾右衛指揮同知姚洪 字德海山東陵縣人 丁丑武舉

懷遠將軍義勇右衛指揮同知王元吉 以貞北直順天府宛平縣人

明威將軍金吾右衛指揮僉事鍾欽 允恭直隸薊州衛人

明威將軍羽林前衛指揮僉事薛國賓 興爵山後人

明威將軍神武左衛指揮僉事張國勳　朝珍順天府寶坻縣人

明威將軍金吾左衛指揮僉事包　節　間吉順天府玉田縣人

供給官

禮部精膳清吏司主事甯中立　顧源河南潁川衛官籍直隸灤州人癸未進士

承德郎順天府通判馬登卿　川濟四川內江縣人辛未進士

迪功郎順天府宛平縣主簿盧　茂　如松直隸臨州左衛籍東水縣人監生

迪功郎順天府大興縣主簿朱世賢　用賓山東臨清州籍直隸江都縣人監生

第壹場

四書

故君子名之必可言也言之必可行也君子於其言無所苟而已矣

執其兩端用其中於民

事孰爲大事親爲大

易

臨剛浸而長說而順剛中而應大亨以正天之道也

上九有孚威如終吉象曰威如之吉反身
之謂也
一陰一陽之謂道繼之者善也成之者性
也仁者見之謂之仁知者見之謂之知
百姓日用而不知故君子之道鮮矣顯
諸仁藏諸用鼓萬物而不與聖人同憂
盛德大業至矣哉富有之謂大業日新
之謂盛德生生之謂易成象之謂乾效
法之謂坤極數知來之謂占通變之謂

事陰陽不測之謂神

主器者莫若長子故受之以震

書

安汝止惟幾惟康其弼直惟動丕應徯志

以昭受上帝天其申命用休帝曰吁臣

哉鄰哉鄰哉臣哉禹曰俞

學于古訓乃有獲

惟御事厥棐有恭不敢自暇自逸矧曰其

敢崇飲越在外服侯甸男衛邦伯越在

內服百僚庶尹惟亞惟服宗工越百姓
里居罔敢湎于酒不惟不敢亦不暇

其勿誤于庶獄惟有司之牧夫其克詰爾
戎兵以陟禹之迹

詩

鳲鳩在桑其子七兮淑人君子其儀一兮
其儀一兮心如結兮

約之閣閣椓之橐橐風雨攸除鳥鼠攸去
君子攸芋

追琢其章金玉其相勉勉我王綱紀四方
自古在昔先民有作溫恭朝夕執事有恪
顧予烝嘗湯孫之將

春秋

蔡侯鄭伯會于鄧 桓公二年 春齊侯宋人
陳人蔡人邾人會于北杏 莊公十有三
年 冬會陳人蔡人楚人鄭人盟于齊 僖
公十有九年 五月癸丑公會晉侯齊侯
宋公蔡侯鄭伯衛子莒子盟于踐土 僖

公二十有八年

夏四月丙戌衛孫良夫帥師及齊師戰于新築衛師敗績成公二年

秋公會劉子晉侯齊侯宋公衛侯鄭伯曹伯莒子邾子滕子薛伯杞伯小邾子于平丘昭公十有三年

三月公會劉子晉侯宋公蔡侯衛侯陳子鄭伯許男曹伯莒子邾子頓子胡子滕子薛伯杞伯小邾子齊國夏于召陵侵楚定公四年

齊人歸讙及闡 哀公八年

禮記

此聖人所以藏身之固也

爲人君者謹其所好惡而已矣君好之則
臣爲之上行之則民從之詩云誘民孔
易此之謂也

天子者與天地參故德配天地兼利萬物
與日月竝明明照四海而不遺微小其
在朝廷則道仁聖禮義之序燕處則聽

雅頌之音行步則有環佩之聲升車則有鸞和之音居處有禮進退有度百官得其宜萬事得其序詩云淑人君子其儀不忒其儀不忒正是四國此之謂也

澤者所以擇士也

第貳場

論

帝天之命主於民心

詔誥表內科一道

擬漢令司隸刺史歲考長吏殿最以聞詔
永平九年

擬唐以楊綰爲中書侍郎常袞爲門下侍
郎並同平章事誥大曆十二年

擬

御製聽講大學衍義詩

示輔臣屬和因彙爲一編

頒賜侍臣謝表嘉靖六年

判語五條

上言大臣德政
人户以籍爲定
懸帶關防牌面
詐欺官私取財
修理橋梁道路
第叁場
策五道
問稱帝王之德者莫辨於書矣一則曰惟
天聰明惟聖時憲一則曰亶聰明作元

后則是人主之德無大於聰明者矣乃
儒者之論或有以聰明平淡總達衆材
歸之主德者或有謂人主當務聰明之
實而勿求聰明之名者是果商周二書
之旨歟五帝虞舜爲盛濬哲文明德至
茂矣而猶拳拳於明目達聰及股肱耳
目之命豈所謂聰明者固自有妙用歟
厥後世主有以綜核名實稱者有以政
察奸勝稱者有强明自任者有精於聽

斷者彼皆所稱爲漢唐英辟也果是爲
聰明否歟洪惟我
聖祖高皇帝
聖神啓運洞炤化原故其詒謀著訓炳烺無極
亦嘗聞其要領歟我
皇上含靈體睿
天縱自然頃益
明習幾務
周念寰宇民瘼吏治

咨訪尤切
威福自己
聽覽若神
詔書每下海內欽頌以為不世出之
主蓋近述
聖祖而遠媲虞舜矣即徽懿更僕難數可得而
揚厲其萬一歟夫輕塵墜露海嶽所不
讓也或尚有盋議奧旨可以仰裨
旒黈者執事者且獲藉手以

獻馬其敬陳之

問書稱禹作司空讓於稷契皐陶而孟子謂伊尹自任以天下之重夫舜之初載天下不無事矣禹何以不遽任而讓尹之登用豈其無可讓者而獨以身任之何歟清原之命讓於羣卿餘上之蒐羣卿皆讓讓太尉而舉所不如者三人讓開府而舉所不如者亦三人此皆古所稱讓官者也顧其所讓者豈盡出歟君

子上而斤斤稱其長以下之斯不亦近名而遠於情歟先零之役則謂無如老臣淮蔡之役則請躬自督戰澶淵之役力主親征汴京之役獨戀和議此皆古所稱任事者也當其時盈庭之議豈盡非是而確然執其初說雖事幸而集不敢於自用而排衆論者哉夫任則可以無讓讓則可以無任任與讓不其兩妨哉古人則必有所重矣而後之君子蓄

其任於官務其職於事是以人羣騁節事無成玆今欲矯世厲俗俾讓不進者任不近利以庶幾古君子體國之誼其何道而可

問孔子罕言命且罕言不及易故性與天道不可得而聞焉然相近相遠上下不移非言性歟不知命無以為君子道之行廢命也賜不受命非言命歟然猶各言之也至子思子曰天命之謂性則合

言之矣孟子曰性也有命焉命也有性焉則互言之矣此與孔子之旨同歟異歟易言窮理盡性以至於命性命之上復有所謂理歟其學亦有漸次歟乃宋儒又謂性即理也命猶令也此又何所據歟至其言性則有天地之性氣質之性言命則有理義之命氣數之命果有分別歟又謂在天則謂之命在人則謂之性天與人果有二歟夫此道吾人須

史未可離者第百姓日用而不知耳在學者安可云不知語有之道大如天見之在人多士寧渠罔實見耶其實著於篇毋虛談

問財用者天下之大命而國之至計也先王建國制用曷嘗不取給於民乎然考之成周天子之征賦不出王畿千里外而國無乏用亦無匱民且恒有九年之蓄何其廉取而足用也今其任官經用

之法具在周禮可閱其要旨歟三代以
降海內爲一若漢若唐若宋其富且什
伯於周然不數傳而上下胥詘國馴以
衰豈盛衰之數相激使然乎將人事有
利鈍也可歷數其變而究其所以然歟
我
朝二百餘年經制一定上裕而下安可謂盛
矣頃歲以來
[illegible]美盜印

祖宗朝所創見者態主計者籌之往往入不嘗
出失今不圖後數十年有不可支之憂
夫嘉靖中歲用嘗告詘矣稍一振之而
爲
今日之盛議者何過憂其終歎哉竊
國之經費無若
內供餉邊之鉅者去泰去甚必自此始顧此
兩者皆未可率然議裁也則何策而可
歟其亦有酌淳樸約之術不駭俗而可

施者歟夫

聖主方規萬世之安而釀患於數十年之後必

弗然矣諸士幸熟數其便以佐主計者

之萬一毋徒曰此儒者所罕言也

問今馭虜之計蓋比歲以英士矣然事固

有不可遥制而豫圖者往往倉卒之初物

故也當事者咸總總然有意外之慮而

竟莫其然至今矣蓋

聖天子之威德實式臨之非二三邊吏能制其

死命也乃今黃酋繼殞營事者遂復梱
而習之以謂宴然猶昔也然乎否歟夫
漢唐之於匈奴突厥或擁而殖之或斥
而分之或構而取之未嘗不因其釁
而得志焉其遺策可覆按而觀也即今
酋種未定諸部擁兵儻亦漢唐一時手
而議者或謂中國之於夷狄本在伐謀
先事操縱常自我而乃倜然冀其旦夕
有釁以間我也亦幾無幸矣二者之

孰爲得乎夫亦有帝王大道出於三策
之外者乎抑亦有今日要務行於三策
之內者乎爾多士其借前箸籌焉

殿試名數

傳臚

二甲十六名

二甲廿四名

二甲十名

二甲三名

三甲一百廿九名

三甲卅五名

中式舉人三百五十名

第一名袁宗道　湖廣公安縣學生　書

第二名黃汝良　福建晉江縣學附學生　禮記

第三名陳應龍　福建福州府學生　易

第四名林茂桂　福建鎮海衛人監生　詩

第五名吳應賓　直隸桐城縣學生　春秋

第六名錢允元　直隸吳縣人監生　詩

第七名吳道光　浙江紹興府學附學生　易

二甲五十九名
第八名陳果　廣東新安縣人監生　詩

二百四十名
第九名徐成楚　湖廣竹谿縣人監生　易

二甲十七名
第十名彭遵古　湖廣黃安縣學生　春秋

一百卌五名
第十一名周著　江西南昌縣學附學生　詩

三甲七名
第十二名林祖述　浙江鄞縣人監生　易

一百六十名
第十三名王建中　浙江平湖縣人監生　書

三甲五名
第十四名羅大紘　江西吉水縣人監生　易

三甲五十五名
第十五名葉重第　直隸吳江縣人監生　書

三甲八一名
第十六名薛三才　浙江定海縣學生　詩

三甲七十三名
第十七名王一鳴　湖廣黃州府學生　禮記

二甲卅名
第十八名陳所職　河南禹州人監生　書

三甲六十八名
第十九名蕭雲舉　廣西宣化縣人監生　詩

一百四十五名
第二十名項德楨　浙江秀水縣人監生　書

一百八十名
第二十一名黃之俊　江西清江縣人監生　詩

[illegible]名
第二十二名李大武　直隸蘇州府學附學生　春秋

三甲十四名
第二十三名陸大成　直隸太倉州人監生　易

二甲四十三名
第二十四名閔文卿　江西浮梁縣人監生　書

三甲一百名
第二十五名張一棟　福建平和縣學生　詩

一百三十四名
第二十六名熊鳴夏　江西豐城縣人監生　易

三甲廿八名
第二十七名陳　濂　福建惠安縣學附學生　詩

三甲九十一名
第二十八名陶明禮　廣西平樂府學生　禮記

二甲八名
第二十九名戴　燦　福建長泰縣學附學生　易

三甲八十八名
第三十名吳洪績　福建莆田縣人監生　詩

不第二名
第三十一名黃道月　直隸合肥縣人監生　書

一百八十名
第三十二名郭應時　福建漳州府學增廣生　易

二甲十二名
第三十三名劉黃裳　河南光州人監生　詩

三甲卅四名
第三十四名梁贊化　湖廣荆州府學生　易

三甲九十二名
第三十五名彭好古　湖廣麻城縣學生　春秋

三甲五十八名
第三十六名劉道隆　湖廣潛江縣學生　書

二甲二十九名
第三十七名夏國寶　湖廣湘潭縣人監生　詩

一甲第二名
第三十八名彭烊　江西南昌縣人監生　易

三甲九十名
第三十九名吳弘濟　浙江秀水縣人監生　書

三甲十名
第四十名李啓美　江西豐城縣人監生　詩

三甲廿八名
第四十一名傅慶貽　福建南安縣人監生　易

三甲六十五名
第四十二名綦才　山東蓬萊縣學教諭　禮記

三甲百八名
第四十三名龔懋　湖廣黃梅縣人監生　詩

二百卅九名
二百四十三名
二百五十八名
二甲四十四名
三甲七十六名
三甲八十六名
五甲[illegible]廿六名
一[illegible]廿二名
三甲二[illegible]一名

第四十四名田大益 四川定遠縣學生 易
第四十五名郭如魯 山西平遥縣學教諭 書
第四十六名盧明諏 浙江黃巖縣學生 詩
第四十七名李元實 湖廣監利縣人監生 易
第四十八名賴文選 直隸宣城縣人監生 詩
第四十九名邵 鍪 直隸常熟縣人監生 春秋
第五十名陸應川 江西豐城縣人監生 易
第五十一名劉源澄 直隸無錫縣人監生 詩
第五十二名孫繼有 浙江餘姚縣學生 書

榜眼
第五十三名劉憲寵　浙江慈谿縣人監生　詩

二百十九名
第五十四名楊道賓　福建晉江縣人監生　易

二甲五十名
第五十五名陸鏗　直隸長洲縣人監生　詩

一百八名
第五十六名楊光訓　陝西渭南縣人監生　禮記

第五十七名馬邦良　浙江富陽縣人監生　詩

第五十八名徐之孟　浙江德清縣人監生　易

三甲四十名
第五十九名王圖　陝西耀州人監生　詩

二百十一名
第六十名柴堯年　直隸崑山縣學生　易

三甲十一名
第六十一名陳容淳　湖廣應城縣人監生　書

二百十二名
二百五十六名
二百三十名
三甲八十名
一百廿三名
二甲八名
二百二十六名
一百九十七名
二百

第六十二名魏諤 直隸清河縣人監生 詩
第六十三名李承槐 湖廣麻城縣人監生 春秋
第六十四名張濤 湖廣黃陂縣學生 書
第六十五名張輔之 直隸太倉州人監生 易
第六十六名劉曰梧 江西南昌府學附學生 詩
第六十七名沈瓚 直隸吳江縣人監生 書
第六十八名周嗣哲 直隸吳縣人監生 易
第六十九名劉道亨 直隸新城縣人監生 詩
第七十名閔遠慶 浙江湖州府學生 春秋

二百二十四名
第七十一名林璣　福建興化府學生　書

一百六十二名
第七十二名王孟煦　山東安丘縣人監生　易

二甲六十五名
第七十三名王就學　直隸常州府學增廣生　詩

二百六十一名
第七十四名徐庭綬　江西上饒縣學生　書

二甲五十六名
第七十五名章憲文　直隸華亭縣學附學生　詩

二甲十三名
第七十六名蔡守愚　福建同安縣學增廣生　易

三甲卅七名
第七十七名褚國賢　直隸武進縣人監生　禮記

二百五十三名
第七十八名李維標　湖廣景陵縣學附學生　詩

一百卅名
第七十九名黃大節　江西信豐縣人監生　書

第八十名周玄暐 直隸崑山縣學增廣生 易

二百六十五名

第八十一名徐夢麟 直隸宣城縣人監生 詩

二百卅二名

第八十二名李秩 河南孟津縣學生 易

一百七名

第八十三名傅履階 福建南安縣人監生 詩

二甲卅一名

第八十四名馮養志 山西高平縣學生 春秋

三甲六十六名

第八十五名丁元薦 浙江長興縣人監生 書

三甲四十名

第八十六名程子鈛 直隸歙縣學生 詩

三甲六十名

第八十七名葉麃 江西南昌縣人監生 易

二百卅五名

第八十八名吳期炤 浙江德清縣人監生 詩

一百九十七名

三甲六十五名
第八十九名顧允元　直隸崑山縣人監生　易

二百十六名
第九十名楊宏科　浙江餘姚縣學附學生　書

一百六十三名
第九十一名楊廷蘭　江西南昌縣學附學生　禮記

二甲廿九名
第九十二名鄭瑞星　福建仙遊縣人監生　詩

三甲八十一名
第九十三名徐兆魁　廣東東莞縣學增廣生　易

三甲廿七名
第九十四名姜仲軾　山東掖縣人監生　詩

三甲廿六名
第九十五名馬思恭　順天府遵化縣學附學生　易

二百五十二名
第九十六名任道學　四川忠州人監生　詩

三甲九十七名
第九十七名王之彥　直隸大名府學生　書

三甲五名
一百四十名
一百八十七名
一百九名
二百四十名
二百十一名
一百七十六名
二百四十名
二百九名

第九十八名鄒德泳　江西安福縣學增廣生　春秋
第九十九名彭錫命　江西新淦縣學生　易
第一百名王　佐　湖廣常德府學增廣生　詩
第一百一名金繼震　直隸休寧縣學增廣生　易
第一百二名曹　璜　山東益都縣學附學生　詩
第一百三名石　岩　山東青州府學生　書
第一百四名柳　佐　山東臨清州學生　詩
第一百五名徐任道　浙江衢州府學生　禮記
第一百六名李　栻　山西大同縣人監生　易

二百六十四名

二百二名

二甲九名

一百七十三名

一百三十名

三甲七十四名

二甲四十七名

一百十八名

三甲六十九名

第一百七名楊耿光　山東平度州學生　書

第一百八名黃　縉　廣東博羅縣學生　詩

第一百九名祝以豳　浙江海寧縣學生　易

第一百十名蔣行義　福建長樂縣學附學生　詩

第一百十一名聶世潤　四川劍州人監生　書

第一百十二名趙世典　福建晉江縣人監生　春秋

第一百十三名劉以煥　江西安福縣學附學生　易

第一百十四名歐陽勁　廣東從化縣人監生　詩

第一百十五名任萬化　府軍前衛人監生　易

三甲六十五名　二甲十二名　三甲八十二名　一百卅八名　一百八十四名（六）　二百二十五名　二百六十八名　一百十四名　三甲七十一名

第一百十六名陳惇臨　廣東潮陽縣人監生　書
第一百十七名吳鴻洙　山東萊蕪縣人監生　易
第一百十八名顧龍禎　直隸無錫縣人監生　詩
第一百十九名韓邦域　福建侯官縣學生　禮記
第一百二十名徐元正　直隸吳縣學增廣生　易
第一百二十一名周獻臣　江西臨川縣人監生　詩
第一百二十二名吳文燦　錦衣衛人監生　易
第一百二十三名鄭得書　福建晉江縣人監生　書
第一百二十四名陳　義　福建晉江縣學增廣生　易

（一百八名）
第一百二十五名景　章　四川富順縣人監生　詩

（三甲八十四名）
第一百二十六名曹光祚　直隸內黃縣人監生　春秋

（二百廿名）
第一百二十七名劉弘寶　福建晉江縣學附學生　書

（一百廿七名）
第一百二十八名王之翰　山東萊陽縣學生　詩

（一百四十二名）
第一百二十九名常道立　湖廣漢陽府學生　易

（三甲十五名）
第一百三十名鄧美政　浙江建德縣學生　詩

（二甲廿一名）
第一百三十一名姚尚德　直隸長洲縣人監生　易

（三甲九名）
第一百三十二名安希范　直隸無錫縣學附學生　書

（二百七十一名）
第一百三十三名嚴正邦　浙江歸安縣學附學生　禮記

一百六十五名

第一百三十四名曾　礪　山東陽信縣人監生　詩

一甲五名

第一百三十五名王同休　福建晉江縣人監生　易

二甲五十九名

第一百三十六名楊繼先　直隸定興縣人監生　詩

第一百三十七名顏宇坪　湖廣德安府學生　書

一百五名

第一百三十八名何太庚　廣東番禺縣學附學生　易

一百十五名

第一百三十九名陳于王　浙江嘉善縣學附學生　詩

二百四十二名

第一百四十名許汝魁　江西湖口縣人監生　春秋

一百七十一名

第一百四十一名顧　紳　雲南鶴慶府學增廣生　易

甲五名

第一百四十二名司　憲　河南歸德府學附學生　詩

二甲五十八名

第一百四十三名林欲厦　河南睢川學學正　易

一百廿叁名

第一百四十四名周之冕　廣西臨桂縣儒士　書

二甲廿名

第一百四十五名全天敘　浙江寧波府學附學生　易

三甲卅一名

第一百四十六名李文熙　直隸南宮縣人監生　詩

三甲四十二名

第一百四十七名鄧應祈　四川內江縣學生　春秋

一百六十九名

第一百四十八名朱　爵　直隸大名府學生　書

狀元

第一百四十九名唐文獻　直隸華亭縣人監生　詩

第一百五十名王　玠　廣東清遠縣學生　易

二甲六十一名

第一百五十一名王　志　江西東鄉縣人監生　詩

三甲五十四名
第一百五十二名蔡　淮　福建晉江縣學附學生　書

一百九十四名
第一百五十三名岳九逵　河南獲嘉縣學生　詩

二百名
第一百五十四名劉為楫　順天府霸州學生　易

二甲四十六名
第一百五十五名于仕廉　直隸鎮江府學增廣生　禮記

一百八十三名
第一百五十六名曾開泰　湖廣京山縣學生　詩

三甲八十三名
第一百五十七名吳中明　直隸歙縣人監生　書

第一百五十八名郭士吉　直隸南宮縣學生　詩

三甲十九名
第一百五十九名夏　爌　浙江烏程縣學附學生　易

三甲六十三名
第一百六十名李汝珪　江西南昌府學生　詩

二百六十七名 一百九十八名 二百四十九名 二甲廿六名 二百七十名 一百五十九名 一百四十名 探花

第一百六十一名婁希亮　直隸無錫縣人監生　書

第一百六十二名彭應捷　河南光山縣學附學生　春秋

第一百六十三名戚　稔　直隸儀真縣人監生　易

第一百六十四名徐堯莘　直隸潛山縣人監生　詩

第一百六十五名董肇偁　應天府江寧縣人監生　易

第一百六十六名袁茂英　浙江寧波府學生　詩

第一百六十七名蕭奇傑　福建平海衛學生　書

第一百六十八名周　琦　直隸常熟縣學增廣生　詩

第一百六十九名舒弘志　廣西全州儒士　禮記

一百九十五名
第一百七十名艾維新　河南蘭陽縣人監生　易

一百廿二名
第一百七十一名費必興　河南汝寧府學生　詩

三甲四十名
第一百七十二名樊東謨　陝西蒲城縣人監生　書

一百卅七名
第一百七十三名方大美　直隸桐城縣人監生　易

三甲九十六名
第一百七十四名宋　薦　直隸肥鄉縣學生　詩

一百二十名
第一百七十五名林夢鶴　河南信陽州學生　易

二甲五十四名
第一百七十六名熊宇奇　江西新建縣學附學生　春秋

三甲十七名
第一百七十七名張允升　陝西南鄭縣人監生　書

二甲十五名
第一百七十八名韓　策　直隸南宮縣學生　詩

一百四十五名　二百七十三名　三甲一名　一百五十八名　一百五十名　三甲四十七名　一百九十名　三甲六名　二百四十八名

第一百七十九名曹愈參　四川涪州人監生　易

第一百八十名劉　訓　陝西南鄭縣學生　書

第一百八十一名韓學信　山東平山衛人監生　詩

第一百八十二名張正學　四川潼川州人監生　易

第一百八十三名潘大復　浙江烏程縣人監生　春秋

第一百八十四名鍾允復　江西南昌縣人監生　詩一

第一百八十五名袁　黃　浙江嘉善縣人監生　書一

第一百八十六名高從禮　浙江仁和縣學附學生　詩

第一百八十七名劉大文　山東博平縣人監生　易

三甲七十八名 二百廿八名 二甲七名 一百十名 一百卅九名 一百六十七名 三甲九十名 三甲四十八名

第一百八十八名尹從淑 四川宜賓縣人監生 詩

第一百八十九名張鶴鳴 河南潁川衛人監生 易

第一百九十名何喬遠 福建晉江縣人監生 禮記

第一百九十一名黃承玄 浙江秀水縣人監生 書

第一百九十二名水卿謨 浙江鄞縣學生 易

第一百九十三名張　庚 直隸南宮縣學生 詩

第一百九十四名田立家 山西陽城縣人監生 易

第一百九十五名袁光宇 直隸常熟縣學附學生 詩

第一百九十六名魏養蒙 河南洛陽縣人監生 易

一百五名
一百九十名
三甲卅三名
三甲四十二名
二甲四十五名
三甲九十三名
二百十五名
三甲五十七名

第一百九十七名李宗延　河南汝陽縣學生　春秋
第一百九十八名宋師程　直隸廣平府學生　詩
第一百九十九名毛壽南　直隸吳江縣人監生　書
第二百名侯康　雲南保山縣學生　詩
第二百一名方元彥　山東臨清州學生　易
第二百二名羅應斗　浙江慈谿縣學生　詩
第二百三名杜允耀　順天府霸州學生　書
第二百四名楊伯柯　直隸大河衛人監生　禮記
第二百五名洪澄源　福建泉州府學附學生　易

一百七十五名
第二百六名江　環　福建漳浦縣學附學生　詩

一百四十八名
第二百七名高進孝　河南獲嘉縣人監生　書

三百四十六名
第二百八名呂兆熊　直隸栢鄉縣人監生　易

一百卅八名
第二百九名王　都　山東臨清州學生　詩

二百卅五名
第二百十名洪敷誥　廣西臨桂縣學生　易

二百四名
第二百十一名王嘉謨　豹韜衛人監生　春秋

一百廿八名
第二百十二名秦鄭晉　陝西渭南縣學生　詩

一百七十名
第二百十三名樊　鎔　山西盂縣學生　書

一百六十八名
第二百十四名朱士伷　福建晉江縣人監生　易

三甲百二名

第二百十五名傅道統　福建晉江縣人監生　詩

二百卅六名

第二百十六名趙思敏　山東登州府學生　書

一百九十六名

第二百十七名林震　廣東瓊州府學增廣生　詩

一百五十名

第二百十八名王士昌　江西新建縣人監生　春秋

二百卅一名

第二百十九名周應鰲　江西泰和縣學生　易

三甲五十五名

第二百二十名韓擢　廣東博羅縣學增廣生　詩

一百七十二名

第二百二十一名張令聞　直隸常州府學附學生　書

三甲卅三名

第二百二十二名徐存德　湖廣蘄水縣學附學生　易

第二百二十三名浦士衡　直隸太倉州人監生　詩

二甲十八名 第二百二十四名孫承榮　順天府學附學生　易
第二百二十五名李原中　浙江嘉興縣人監生　禮記
二百二十二名 第二百二十六名邢有忭　山東昌邑縣學生　詩
二百四十六名 第二百二十七名趙家相　四川巴縣學增廣生　書
二百七十八名先 第二百二十八名張國紀　河南河南衛人監生　易
二百卅四名 第二百二十九名韓　魏　直隸東明縣人監生　詩
甲六十二名 第二百三十名康夢相　江西泰和縣人監生　易
一百四十三名 第二百三十一名冀　體　河南武安縣學增廣生　詩
一百六十九名 第二百三十二名曹大咸　湖廣江陵縣學增廣生　書

三百四十八名　三百八名　三百四十七名　二百十四名　一百七十九名　二甲卅五名　二百七十七名　一百二十五名　三百七十四名

第二百三十三名趙　標　山西河東運司學生　春秋

第二百三十四名林守信　錦衣衛人監生　詩

第二百三十五名王希夔　福建龍溪縣學生　易

第二百三十六名崔邦亮　直隸東明縣人監生　書

第二百三十七名蕭重望　貴州思南府學生　詩

第二百三十八名諸壽賢　直隸崑山縣人監生　易

第二百三十九名曹代蕭　河南商丘縣學生　詩

第二百四十名吳崇禮　山東寧陽縣學增廣生　書

第二百四十一名張應鳳　直隸大名府學生　詩

二甲卅六名
二甲卅八名
一百六十名
二甲六十五名
二百卅七名
三甲五十七名
一百廿七名
二甲五十名
且一百七十七名

第二百四十二名屈　爍　陝西蒲城縣人監生　禮記
第二百四十三名陳道亨　江西新建縣學生　易
第二百四十四名范以淑　江西南昌縣人監生　詩
第二百四十五名蘇舜臣　福建晉江縣人監生　易
第二百四十六名留敬臣　山東濟寧州學學正　書
第二百四十七名林繼衡　福建福州府學生　詩
第二百四十八名陳　蘊　廣西灌陽縣學生　易
第二百四十九名陸　埜　山東登州衛人監生　書
第二百五十名何出圖　河南扶溝縣人監生　詩

二甲四十九名
一百卅四名
二百二十二名
二甲六十名
一百四十七名
二百七十五名
三甲八十九名
一百廿六名
二百六十六名

第二百五十一名陳所見　直隸定興縣學生　春秋

第二百五十二名許子偉　廣東瓊州府學附學生　易

第二百五十三名李日茂　直隸青縣學附學生　詩

第二百五十四名熊崗　四川廣安州學增廣生　書

第二百五十五名趙完璧　河南陝州學生　易

第二百五十六名弋鶴　山西安邑縣學生　詩

第二百五十七名張時顯　江西南城縣人監生　書

第二百五十八名楊過　順天府東安縣人監生　易

第二百五十九名陳大道　湖廣光化縣人監生　詩

三甲五十名

三甲五十一名

二甲二名

二百五十七名

二百七十二名

三甲八十五名

三甲四十四名

二百六十三名

三甲八十七名

第二百六十名張集義　浙江餘姚縣人監生　禮記

第二百六十一名顧時化　直隸長洲縣人監生　易

第二百六十二名林承芳　廣東三水縣人監生　詩

第二百六十三名盧傳元　河南扶溝縣學附學生　書

第二百六十四名高巖　山西大同縣學教諭　易

第二百六十五名李沂　湖廣嘉魚縣人監生　詩

第二百六十六名劉夢周　山西沁州人監生　書

第二百六十七名鄭舉　四川成都縣學生　詩

第二百六十八名倪思輝　福建建陽縣學教諭　春秋

三甲五十二名
第二百六十九名龔文選　四川長壽縣學生　易

一百八十名
第二百七十名延論　山西平定州人監生　書

二百六名
第二百七十一名張應槐　浙江浦江縣人監生　詩

三甲六十四名
第二百七十二名沈天啓　應天府人監生　易

三甲卅五名
第二百七十三名陳遴瑋　四川富順縣學附學生　詩

二百四十五名
第二百七十四名羅[illegible]　四川嘉定州人監生　書

二甲卅九名
第二百七十五名張守順　江西南昌縣人監生　易

二甲六十名
第二百七十六名郭俊　陝西渭南縣學生　禮記

二百六十名
第二百七十七名張齡　直隸永年縣學生　詩

一百九十二名

一百八十九名

三甲七十五名

一百五十三名

一百四十六名

三甲廿六名

二百二十名

第二百七十八名王祿兆　山東即墨縣人監生　易

第二百七十九名蓋國士　直隸永年縣人監生　詩

第二百八十名耿隨龍　直隸滑縣人監生　書

第二百八十一名李伯華　山東掖縣人監生　詩

第二百八十二名陳世恩　河南夏邑縣學增廣生　易

第二百八十三名陳鳴華　福建晉江縣人監生　春秋

第二百八十四名吳尚友　江西湖口縣人監生　書

第二百八十五名汪應泰　山東臨清州學生　詩

第二百八十六名余岵　浙江遂安縣人監生　易

二百六十二名
第二百八十七名寗嘉猷　河南考城縣學生　詩

三甲廿九名
第二百八十八名盛世翼　直隸桐城縣人監生　書

二百五十二名
第二百八十九名吳之望　直隸丹徒縣人監生　易

二百五十五名
第二百九十名李守貞　直隸定州人監生　詩

三甲廿二名
第二百九十一名唐斯盛　湖廣湘潭縣人監生　易

三甲七十九名
第二百九十二名周如綸　山東即墨縣學生　禮記

二百六十九名
第二百九十三名王登土　山東朝城縣人監生　詩

二甲十名
第二百九十四名沈思充　浙江桐鄉縣學附學生　易

三甲卅四名
第二百九十五名鍾萬祿　廣東清遠縣人監生　詩

三甲六十八名
二甲廿二名
二百四十四名
一百六十六名
二百五名
二百五十名
二甲廿三名
三甲九十八名
三甲十四名

第二百九十六名唐興仁　湖廣邵陽縣人監生　書
第二百九十七名包應登　浙江錢塘縣學生　易
第二百九十八名伍文煥　四川敘州府學生　詩
第二百九十九名王如堅　江西安福縣學生　書
第三百名李楠　河南永城縣人監生　春秋
第三百一名張斗　直隸沛縣人監生　易
第三百二名顧雲鳳　直隸常熟縣學附學生　詩
第三百三名雷元善　陝西朝邑縣學生　書
第三百四名林汝詔　福建漳浦縣人監生　詩

二甲廿二名
二甲七十七名
一百五十二名
二甲七十名
三甲十名
三甲九十九名
一百[illegible]名

第三百五名洪其道　河南商城縣學附學生　易

第三百六名于天經　山東冠縣學生　詩

第三百七名梁祖齡　四川溫江縣學生　禮記

第三百八名葉⿰忄帛　直隸宣城縣人監生　易

第三百九名韓文　直隸無錫縣人監生　書

第三百十名楊應時　浙江仁和縣人監生　詩

第三百十一名蔡思穆　湖廣攸縣人監生　易

第三百十二名劉湧　河南商城縣學附學生　詩

第三百十三名高環　山西長治縣人監生　書

二甲四十二名
第三百十四名錢士鰲　浙江錢塘縣人監生　易

三甲十九名
第三百十五名李修吉　陝西同州人監生　春秋

一百六十名
第三百十六名耿争光　河南杞縣人監生　詩

四百二十七名
第三百十七名謝朝佐　福建甌寧縣學生　易

二甲五十五名
第三百十八名張德明　浙江樂清縣人監生　書

一百五十六名
第三百十九名邢懋敬　湖廣黃梅縣人監生　詩

三甲卅九名
第三百二十名劉三英　山東濟寧州學生　易

四百卅五名
第三百二十一名王宗蓁　湖廣京山縣人監生　詩

三甲二十一名
第三百二十二名張　洋　山西忻州學生　書

一百十二名
•一百七十六名
三甲七十名
一百七十三名
三甲廿一名
二百二十八名
二百五十名
一百廿五名
二百七十六名

第三百二十三名王立賢　山西儀衛司人監生　禮記
第三百二十四名司　諫　河南洛陽縣人監生　易
第三百二十五名陳所聞　山東濰縣人監生　詩
第三百二十六名李　璣　福建同安縣學生　易
第三百二十七名唐世堯　廣西平樂府學生　書
第三百二十八名王一鶚　陝西洋縣人監生　易
第三百二十九名李光輝　山西太原右衛人監生　詩
第三百三十名張時修　山西蒲州人監生　易
第三百三十一名韓　范　山西沁水縣人監生　春秋

三甲四十九名
一百五十四名
二百五十九名
一百五十二名
二百十一名
二甲十九名
三甲卅三名
一百五六名

第三百三十二名趙夢麟　直隸廣平府學增廣生　詩

第三百三十三名王金星　河南河南府學附學生　易

第三百三十四名岑應春　順天府通州人監生　詩

第三百三十五名傅肖形　直隸內黃縣人監生　書

第三百三十六名王道正　順天府學生　易

第三百三十七名李賦秀　陝西延安衛人監生　詩

第三百三十八名胡克儉　河南九山縣學增廣生　易

第三百三十九名張和中　山東濱州學生　禮記

第三百四十名侯廷佩　陝西寧夏衛學附學生　書

一甲九十五名
一百卅名
二百五十名
二百七名
一百十六名
三甲四十名
一百四十五名
三甲四名
一百卅一名

第三百四十一名曾光魯　湖廣桂陽州學學正　詩
第三百四十二名李起元　直隸南和縣學生　易
第三百四十三名宋應和　江西樂平縣學教諭　詩
第三百四十四名吳應明　直隸歙縣人監生　易
第三百四十五名李養賢　山西蒲州學增廣生　書
第三百四十六名江鍾廉　四川南充縣學生　春秋
第三百四十七名宋　寀　四川富順縣學附學生　詩
第三百四十八名張　弋　雲南雲南府學生　易
第三百四十九名吳　楷　山東曹州人監生　詩

第三百五十名任僖　浙江鄞縣人監生　湯

浙江

浙江三十九人　直隸七十三人　順天七人　福建三十五人

山東二十六人　山西十七人　湖廣二十七人　陝西十三人

河南二十九人　江西三十六人　四川十七人　雲南三人

貴州一人　廣東十人　廣西六人

第壹場

四書

故君子名之必可言也言之必可行也君子於其言無所苟而已矣

袁宗道

同考試官郎中王　批　雄渾古健善發尼父正名之心

同考試官編修陸　批　蘊藉含蓄而奇峭自見所謂淵然之光蒼然之色非耶

同考試官編修楊　批　會文切理是有關名教非苟作者

同考試官侍讀盛　批　體莊詞麗氣逸思深時義不可多得者宜錄以式

考試官侍讀學士周　批　沉雄古雅語義之最佳者

考試官大學士王　批　文有骨力可取

君子知名之爲重所以謹稱名也蓋名正乃可言而行所繫甚重也君子之無苟於稱名也固其所哉夫子示子路若曰人君立臣民之上毋謂名自我定而可苟焉爲也蓋言以命此名行以體此言其得失理亂之機胥繫焉故君子者

以名立而僅爲飾僞計。無爲貴名矣。言出而僅
爲飾聽計無爲貴言矣一稱謂也使顯然訓之
中外而毫無愧詞必可言焉一論議也使昭然
措之經綸而動有成績必可行焉夫名不徒名
期乎可言矣行不自行基于可言矣而謂言可
苟乎哉是以君子愼之言出於身不可加於民
弗苟言也言發於口不可施於事弗苟言也思
內庭廣衆其耳目最難掩而兢兢乎擬之後言
惟恐名與實違或上乖乎國紀思天下後世其

聽睹爲至公而惕惕乎慮然後發惟恐實因名
紊或下拂乎人心夫君子之無所苟於言也固
如此言一慎而無不正之名無不當之行衆務
舉矣甚哉君子之晰治本也子奈何其迂之也
抑是道也古帝王祖顓郊嚳昭文穆武類無敢
後名者大道之行也夫子蓋有志焉惜乎衛不
果用而後春秋作矣雖然鈇鉞凜如所爲正君
臣夷夏之名者功固偉也
執其兩端用其中於民

黃汝良

同考試官主事沈　批　搆思玄微出辭莊雅發明精一之旨殆盡

同考試官編修莊　批　精緻雅醇文之可式者

考試官侍讀學士周　批　精深雅正

考試官大學士王　批　發題精透

虞帝擇中而用其智大矣夫衆論固自有中也而用之必先於擇焉非大智何以及此嘗謂取善貴廣用善貴擇弗廣則聰明以己而隘弗擇

則見聞因人而惑皆不足語大賢也乃舜也既好問矣好察矣且善者揚之矣然又不敢執一以求中也故於善之中所執者有兩端焉不敢多岐以亂中也故既執之後所用者惟一中焉理介于可從可違之際姑兩存而互參之得其所謂渾然中者然後以茹納爲體驗而盈廷之議始決也見淆于一彼一此之間先兩持而獨斷之得其所謂粹然中者然後以延攬爲推行而先入之聽弗主也本聖心之惟精者以析異

同之幾而執之也若持衡時蓋衆言輻輳各以其中仰合於聖人而卒不見聖人之有成心本聖心之惟一者以定取舍之極而用之也若發機時蓋輿論畫一即以其中俯合于天下而卒不見聖人之有偏聽何也至要出於至廣故言無擇聽而益見聖人之明至廣成于至要故言無盡用而益見聖人之公合之所以稱大智也與被愎諫自賢之主固無足道而優游不斷韋制文義者吾又不知其於擇善用中何如也故

君道以兼聽並觀爲哲而又當務聽明之實非

甚盛德孰能當此者乎

事孰爲大事親爲大

袁宗道

同考試官郎中王　批　命意精深修詞典雅可式

同考試官編修陸　批　運意入彀鑄詞通古　文之上乘者

同考試官編修楊　批　理既切至詞復精諧足稱傑作

同考試官侍讀盛　批　發事親爲大意最明悉而詞復雅健足善作者

考試官侍讀學士周　批　精深宏博

考試官大學士王　批　緊健不浮

有繫於事之大者而用情當先之矣蓋人之不能無所事也情也乃事之大在事親焉盡亦知所先乎且事之名何繇起也其起於恩之有所維分之有所屬乎而世乃泛泛焉不求其所自生則亦闇於用情之敘矣是故凡吾之所當事者多矣孰為大其惟事親乎蓋論人生之初其與父母原不隔形骸而語立愛之情其於家庭

尤倍爲聯屬凡激於恩者當事而親之輔子自有覆載以來稱罔極焉此非常恩則以恩言事者孰加於親也凡屬於分者當事而子之承親自有綱常以來稱首倫焉此非常分則以分言事者又孰加於親也朝夕承歡道若甚邇實天經地義之所在雖天下亦有委質爲事者而要之未出庭闈則顧復之愛尤眞故有等天合之倫于人合則昧矣左右就養事若甚易實至德要道之所存雖天下亦有克恭爲事者而要之

念始孩提則瞻依之情獨切故有等尚親之誼
于尚齒則拂矣信乎人無二本孝先百行有親
而不能事見謂失真事親而猶他人見謂悖德
皆不明於大之義者也然而事親要矣所以事
親者尤要焉古稱舜孝底豫周孝繼述蓋皆養
志之說也曾子得之矣乃其傳大學先身而後
家則誠身又養志之大者故求曾子之孝當自
三省始

易

上九有孚威如終吉象曰威如之吉反身
之謂也
徐成楚
同考試官署郎中黃　批　以古雅之詞發精妙之思必樸士
也高薦爲允宜
同考試官都給事中齊　批　力去陳言獨存本質大雅之文
也可爲游藝者式
同考試官編修蕭　批　詞意融暢而能復歸重書乎音
批

同考試官編修楊　批　體格簡嚴風骨峻潔宜式多士

同考試官諭德趙　批　莊雅之章截然矩度

考試官侍讀學士周　批　峻潔

考試官大學士王　批　暢而雅

爻示正家之道象推其本諸身焉蓋威以濟乎家斯正矣乃其威自反身得之齊家在修身哉嘗謂治家難矣治家於家道之終尤難矣其情易離其威尤不易振而要未可禁令持也文王上九非爲家道計久遠者乎以聯屬利用乎以

振作利用威爲上九者貞愛既洽懼其過而流也約束之使內外罔不肅實意既通懼其過而暱也整齊之使小大靡弗欽則持此于一時洪業所繇昌也守此于永世風教所繇遠也是故周公不徒曰有孚必曰威如而後爲終吉也顧威之謂有二有作威之威雖凜乎可畏而自治常疎有不威之威惟黙然躬修而衆志自肅一動容家之人象指焉吾身果納於軌物矣乎彰軌所以正人誰則玩之不敢玩之謂威也一率

履家之人觀刑焉吾身果協諸皇極矣乎建極所以齊物誰則犯之不敢犯之謂威也不然其身弗正雖令弗從即威行乎哉故夫子又以反身申之也夫合而觀之威行於惠措之則不偏身先於家出之則有本家道備矣微獨家即天下亦猶是耳夫彰信勑法古昔哲王豈不兼修乃教不肅而行者非以身範素端也哉雖然有乎其要也蓋意念動身之臧否關焉者也傳大學者論齊家修身而歸諸誠意厥旨淵矣

一陰一陽之謂道繼之者善也成之者性也仁者見之謂之仁知者見之謂之知百姓日用而不知故君子之道鮮矣顯諸仁藏諸用鼓萬物而不與聖人同憂盛德大業至矣哉富有之謂大業日新之謂盛德生生之謂易成象之謂乾效法之謂坤極數知來之謂占通變之謂事陰陽不測之謂神

吳道光

同考試官署郎中黄　批　理融詞鍊格正氣清究心理學
之士也宜錄以式
同考試官都給事中齊　批　詞有體要理入圓神可與言易
矣
同考試官編修蕭　批　格局正大詞旨精融易義之最
佳者
同考試官編修楊　批　辭簡理精是深於易者
同考試官諭德趙　批　析理玄微敷詞雅深
考試官侍讀學士周　批　詞約義正

考試官大學士王　批　馴雅明確

大傳以氣言道而歸之神焉夫陰陽氣也而陰陽之迭運則道也然孰非神之所爲哉且夫言道者皆以求之陰陽而不得其兩在之機合一之妙故終日言道而道卒不可明也自今言之道無體以陰陽爲體道無用以陰陽爲用一陰一陽合而道在矣而求之造化推之人事何莫非是物耶流行於天爲純粹之善陰陽運也道也賦予於人爲各正之性陰陽凝也道也性成

而仁知之異見百姓之不知得道之偏焉善繼
而顯藏之無心德業之盛大得道之全焉陰而
生陽陽而生陰生卽易也陰而易陽陽而易陰
易卽道也成象爲乾效法爲坤道之生物也極
數爲占通變爲事道之成務也是豈離於陰陽
者哉亦豈倚於陰陽者哉求之陰不可測之於
陰求之陽不可測之於陽善性無定名仁知無
定質顯藏無定機乾坤占事無定在則謂之神
而已神一道也道一神也語道而至於神其知

道之涿者乎雖然人心善性之舍也仁知之府也德業之門也崇乾畀坤静占動事無方而神無體而易道之本體也何論易者曰易以道陰陽而以造化富之不求之吾心不知無人心是無造化易亦不可見矣此所謂日用而不知者

書

安汝止惟幾惟康其弼直惟動丕應徯志以昭受上帝天其申命用休帝曰吁臣哉鄰哉鄰哉臣哉禹曰俞

表如消

同考試官郎中王　批　明約雅潤得典謨體者無踰此篇

同考試官編修陸　批　沉潤簡嚴無一剩辭

同考試官編修楊　批　虞廷吁俞之盛宛然在目而詞義淳雅得體宜錄以式

同考試官侍讀盛　批　明正精瑩書其義無踰此矣

考試官侍讀學士周　批　然典古雅

考試官大學士王　批　筆意安舒

大臣致儆于君因有契乎聖君之儆臣者焉蓋

聖世君臣交相儆也禹方期帝慎位而臣鄰之
咏能弗俞哉且戚哉虞君臣之際也臣不謂[illegible]
康有聖主而忘謇諤之規君不謂端揆有直臣
而忘儆惕之念其心同也故禹陳慎位意曰惟
君乃宰化之原惟術有正君之責必也汝止則
安乎幾康則審乎而其術也則直乎一人之猷
念有安貞而無悔吝已足以孚上下羣臣之規
警有直道而無曲從益足以聯天人則民助其
信而徯志之應可必也天助其順而用休之命

可必也此固係君德哉而臣與有力矣帝也感焉而嘆曰吁臣哉其我鄰哉而鄰誠切于倚毘矣鄰哉其我臣哉而直誠深于顧望矣反復以志感而求輔之念益殷咏嘆以寄情而慎位之圖愈切固密勿之箴銘而寮采之炯鑑也禹之聞而俞也固宜哉吁盛矣雖然君慎臣直固在交修于乃其主宰則尤係人主之慎位何如爾故有明聖之君不患無規拂之臣否則主德闇而方且以諫爲諱容知勵臣之弼直乎哉此又

君天下者所當知

學于古訓乃有獲

項德楨

同考試官郎中王　批
理融詞雅精於論學之義

同考試官編修陸　批
雄邁之才精詣之識時義中所
僅見者

同考試官編修楊　批
敘相論學旨極淵邃此作從心
源上發揮是深於經學者

同考試官侍讀盛　批
理真意匝此必邃於心學之上

考試官侍讀學士周　批　雄邑

考試官大學士王　批　有奇氣

大臣探心得之本而多聞非急矣蓋心法具在古訓也自非知學焉惡乎獲哉說進高宗曰明君以務學為急正學以稽古為要王求多聞者切矣以臣觀之非要也于其學于古訓乎蓋天地之經綸悉吐露于帝王之事業後之人即有卓見必不能加此已竭之心思也宇宙之精蘊盡發揮于聖明之述作後之人即有獨詣必不

能越此已著之心術也古垂修身之訓毋曰空文而優焉游焉日與相參酌焉則始猶煩于探討久之乃默會于象數之先若有所揭其迷而進之哲矣古示治平之訓毋曰粗迹而循焉習焉日與相研究焉則初猶勞于玩索久之乃神解于意言之外若有所啓其蒙而牖之明矣千古心傳之秘宛若耳聆見謂宸衷之獨覺而不知皆博綜之力百王心法之精曉若口授見謂睿性之天縱而不知皆考信之功蓋師心雖不

如合議之公而詢今又不如摟古之實也王毋求多聞哉雖然多聞亦安可已也高宗以恭默思道則自朝夕納誨外勤思而已故說也欲以學濟之要之學而協之以思思而證之以聞而功始密矣茲固說意也

詩

追琢其章金玉其相勉勉我王綱紀四方

周著

同考試官左給事中楊 批 醞冶古雅有數文字

同考試官編修王　批　逸才迅爽精思纖密當是傑作

同考試官編修馮　批　命意溫厚屬詞爾雅

同考試官侍講會　批　思玄詞潤

同考試官洗馬趙　批　典雅精密迥出常作

考試官侍讀學士周　批　朗暢

考試官大學士王　批　醇爽

詩與聖王有純心其所運治者至矣夫心治之源也聖心不已而綱紀有不至哉詩人興而歌之曰聖王在上而天下歸于統馭者非獨法制

備也蓋亦其心源運焉我禦之文王矣今夫物皆有文而惟追琢爲至謂人工巧也物背有質而惟金玉爲至謂天成美也況我王所以爲至治者豈無其本乎吾知王之身綱紀所運之身也王之心綱紀所以運之心也純性術以攬經綸而神機罔滯竭心思以弘曆注而化理常流道岸先登矣而敬止猶不息焉斯何心哉所以握其綱之樞也以心爲綱何所不張于禮樂刑政明示天下以執而庶類惟其總壹已帝則黙

順矣而緝熙猶不已焉斯何心哉所以握其紀之柄也以心為紀何所不理乎典章文物烝喻天下以精而羣黎惟其統制已是蓋我王以久道運治功故綱紀盡四方為而不宰斯民以精神契文德故四方就綱紀由而不知文王其可謂至德矣而又何疑于髦士六師之趨之也大抵法者迹也豈所以迹哉後世任一切把持之法以震攝天下而動曰綱紀豈所謂勉勉者邪法密而民玩弊也久矣故曰太上化之次整齊

之下則爭蓋謂是夫
自古在昔先民有作溫恭朝夕執事有恪
顧予烝嘗湯孫之將

林茂桂

同考試官左給事中楊　批　詞格豐嚴韻氣冲雅詩之真如出金石聲歌之最優者

同考試官編修王　批　體裁古雅詞采清英

同考試官編修馮　批　典實精純舒長之佳者

同考試官侍講曾　批　精鍊密緻

同考試官洗馬趙　批　簡當典明最得大人畢章之意

考試官侍講學士周　批　典達

考試官大學士王　批　工雅

商王法敬以祀先而因冀其享焉夫商祀尚敬也法敬而冀享商孫其猶行古之道夫那之歌有曰祭非敬不格神非類不歆予湯孫之祀我烈祖也第樂之盛已哉蓋敬所由來遠矣思昔先民肇丕基而爲萬年垂祭饗祇殷薦而爲百世啓心傳吾聞其溫恭之念朝夕以之兢兢乎

無怠時也有恪之忱執事以之翼翼乎無怠事也迄今想見古人之心其烝嘗一舉而神無不顧者所感通豫也今我紹先民之溫恭而肅將于奏假庶幾哉鞉鼓誠設非虛器矣湯其鑒予衷而享之也乎修先民之有恪而祗承于駿奔庶幾哉萬舞誠陳非文具矣湯其諒予忱而歆之也乎其不顧也我不敢知但以湯之孫奉湯之祭將神所憑依在斯矣其顧也我不敢必但以湯孫之祀冀湯之享意神之怨恫或泯矣否

則涼德如予安足潛通於烈祖雖遺恭猶在安
能徼惠於一顧耶噫商人之祀允有道矣吾觀
賢聖六七之君皆以一敬世其傳而武丁繼起
則恭默思道且與湯竝享烝嘗之奉抑何偉歟
厥後不競如乙如癸者夫非湯孫耶胡過佚若
斯也承祧者可以動殷鑒矣

春秋

蔡侯鄭伯會于鄧桓公二年春齊侯宋人
陳人蔡人邾人會于北杏莊公十有三年

冬會陳人蔡人楚人鄭人盟于齊 僖公十有九年

五月癸丑公會晉侯齊侯宋公蔡侯鄭伯衛子莒子盟于踐土 僖公二十有八年

李[illegible]

同考試官給事中陳 批 渾爽獨秀自勝得經意矣

同考試官檢討顧 批 警健可誦

考試官侍讀學士周 批 莊嚴

考試官大學士王 批 有[illegible]

觀春秋迭紀會盟而知禦夷之道焉此見夷之
強由夏之弱也世有桓文楚庸足慮乎自昔中
國所憂必曰禦夷無策而不知道在自勝一離
一合盛衰繫之此非[illegible]之夷乃卜之中國耳春
秋時病中國者莫若楚而禦楚者則齊桓晉文
盛焉方中國未有桓也三國離而為鄧之會夫
誠懼楚者豈其自固之無謀而徒交臂以從于
會也懼何益已未幾桓創伯而北杏會四國合
焉迺始顧江漢以修約東南摧之績自此若

不足圖則勢之自衰而一盛也君子謂有會鄧之三國而可無北杏之齊桓哉追桓沒而中國未有文也諸侯又離而爲齊之盟夫誠念桓者豈其膺楚之無術而願降心以與之盟也計益左巳未幾文嗣伯而踐土盟八國合焉乃遂覲衡雍以昭糾逖而南風之競自此戢不復逞則勢之自衰而再盛也君子謂有盟齊之諸侯而可無踐土之晉文哉夫桓文之事寧能當先王時出車命將之烈而柔楚之效迺亦章章如是

故感衰者人耳勢曷與哉桓文没而中國無伯伯迺在楚六王二公之事視盟齊會鄧時抑又下已或謂天道盈而罰之夫列國豈虛無人而徒委楚于天噫王降而伯伯降而夷果天耶人耶

齊人歸讙及闡　哀公八年

彭遵古

同考試官給事中陳　批　剛雅精深經義之佳者錄之

同考試官檢討顧　批　發傳意明切

考試官侍讀學士周　批　明潔

考試官大學士王　批　鏊

經祀歸地見內君遷善之美焉此讙闡之歸歸於魯之遷善也而其美著矣讙闡魯邑也齊取之未幾而歸焉夫齊亦何愛于魯而一旦舉其力之所不能得而還之耶曰敵怨敵惠則感應之理存焉耳方魯之入邾而俘益也是無齊也齊之因邾而取邑也勢亦且無魯矣使魯不悔益不歸齊怨未息而魯之憂豈止失二邑已哉

所幸公也墮弃前惡與邾更始脫其四而復之國齊始自慰其孔云之情而亦內悔其狡焉之暴矣以故負瑕之駕一返而讙闡之籍尋歸齊殆假是以謝過而明其無他也又若假是以徼惠而德且未已也則向之取也齊非啓疆也以敵怨也或亦脅我以歸益之術乎而今之歸也齊非不愛地也以敵惠也其益勸我以字邾之義乎夫公一徙善而與齊共徙焉一悔過而與齊共悔焉信足以見遷善之優改過之大矣春

秋書歸者順詞也順在齊所以順在魯也聖人與人爲善之德宏矣哉抑魯積弱之國也齊陽生之不道又非可以禮義化也傳曰季姬嬖理或然乎當是時齊吳合而魯懼魯又合吳而齊見伐不自省德而顧以齊豢吳以自削也衰誠得爲遷善乎夫子蓋取節焉爾矣

禮記

此聖人所以藏身之固也

黃汝良

同考試官主事沈　批　格正詞清思深語密

同考試官編修莊　批　筆力遒勁思致周匝

考試官侍讀學士周　批　典重莊雅

考試官大學士王　批　氣雄詞確

聖人以政安身由庸禮出者也夫安君惟政也庸禮出政則政善矣此藏身之固歟且人君寄身億兆天下之危機伏焉聖人獨能易其至危而奠之至安非有異術也亦其出政者善爾今觀其法天庸禮之政章章如此是以典禮垂而

治化翔洽旣因之以登上理俗化淳而皇躬逸豫亦藉之以迓泰寧穀地仁義之命降而衆著于尊卑之倫親疎之序矣將怗然相與信從秉禮之君罔敢軼越而聖人所以身負磐石之固者此也興作制度之命降而衆著于作率之誼等威之辨矣將恬然相與推戴守禮之主罔敢背攜而聖人所以身繫苞桑之鞏者此也聖人之齊民非以法令而禮之所維不綢繆而自固當其時人見其優游以撫運而不知其命基于

宥密者固甚豫聖人之保位非以崇嚴而禮之
所防不糜縶而自安當其時人見其恭默以聽
治而不知其機握于綱維者固甚周信乎聖人
所以藏身之固者則庸禮之政爲之矣不然聖
人之政無以計安天下則聖人之身亦無以託
于天下將禍萌釁端而君位危矣何藏身之固
哉嗟吾以是知禮之可恃也秩敘歌而虞熙制
作備而周熾歷數百禩治安之效乂而不絕至
其衰而周禮可以寒省難之大夫王德可以折

問鼎之楚子豈直藏身將保世滋大矣有國者
其毋輕議禮哉
天子者與天地參故德配天地兼利萬物
與日月竝明明照四海而不遺微小其在
朝廷則道仁聖禮義之序燕處則聽雅頌
之音行步則有環佩之聲升車則有鸞和
之音居處有禮進退有度百官得其宜萬
事得其序詩云淑人君子其儀不忒其儀
不忒正是四國此之謂也

楊光訓

同考試官主事沈　批　用意精深措辭雅健

同考試官編修莊　批　格莊詞雅盛世之文

考試官侍讀學士周　批　莊整

考試官大學士王　批　謹嚴

聖君養德以基化咏於詩而可徵也夫德盛則
化神也有聖德而又有以養之化必臻矣淑人
之咏深哉且人主中天地而治豈不欲百僚惟
敘庶事惟康哉然德或不盛卽盛而忘自養者

難以達化矣乃天子者與天地竝立而參者也參之以德則聖心配乾坤何所不利參之以明則聖心竝日月何所不照然自天下而觀天子德至盛也自天子而養吾心功至密也大廷臨御而仁聖體義竝體於身深宮燕居而二雅三頌不輟於耳一行步升車也而環佩鸞和協焉一居處進退也而禮度閑焉論聖修則天地同體日月合照而時保者愈不忘論治效則天地同流日月竝運而化成者愈不測由是臣以主

聖而忠分猷宣力百官得其宜矣由是政以聖
作而舉立綱陳紀萬事得其序矣化至矣哉不
以神聖而廢操存何儀之忒也本之純德以運
至化何四國之不正也詩之咏淑人君子者若
爲聖天子發矣天子之參天地也如是哉噫非
唐虞聖帝孰臻此乎欽明濬哲放勳重華而兢
業時勑卒之股肱良庶事康治蔑以加焉於乎
堯舜之德不可幾矣而兢業之心至今如在也
君人者惟在養之哉苟內多慾而外施仁義奈

何效唐虞之治乎

第貳場

論

帝天之命主於民心　袁宗道

同考試官郎中王　批　天民相通之旨人人能言之獨此以闡深儁偉之辭發激昂剴切之意而未復歸諸敬德必推抱忠忱抉擿匡翼者宜錄以式多士

同考試官編修陸　批　才氣沉雄學識淵博奇士哉

同考試官編修楊　批　朗然剴切究天人之際矣

同考試官侍讀盛　批　邃學閎深郁文沛發卓爾不羣士也可爲得人賀

考試官侍讀學士周　批　沉雄典重發意親切利無浮靡獨存古雅擅場作也

考試官大學士王　批　詞古氣厚而發明意破的具見所養

世之治也則人主先重民矣夫所爲重民者非爲民重也而爲天之所寄命者重也天至尊也

命至不可測也而否泰隆替之機則天乃不能
自握其命而寄之於民人主弗察則見以爲天
自天民自民民之癢痾嘘吸毫無關於蒼蒼顯
赫之命以至權使威籠益自重而輕民民輕而
自重則其究也天之命亦輕而俯仰一無足畏
者夫惟明主超然遠覽審於天人相與之際而
徵天心於民心賤以徵貴微以徵顯則不敢一
日不重民重民所以重天也天下之治則必由
此矣張子曰帝天之命主於民心此人主重民

之說也夫人主處曲房重檻之中高拱紫垣黃
屋之上海內莫敢跂尊焉一喜則恬愉滿幽遐
一怒則熖毒徹蔀屋海內莫敢望威焉蓋天下
之稱靈爽顯赫者也而不有嚴靈爽顯赫者以
臨之乎上則志益熖滛而靡所顧忌故天得以
禎符昭主勤又得以恠異震主懈得以罔陵昌
熾之運咎明禋又得以震怒更置之罰黜穢德
一日予我則欲拱揖辭之而弗克一日威我則
欲避之幽障險巖重塹石室之中而亦弗克而

中主乃或恣行胸臆怡燕堂而寢厝火猝有不
測乃始錯愕躑躅而歸之適來適往之數莫可
誰何間有一二畏天之主則又謂是蒼蒼者寔
祲祥我而圖度之計百出其悖至於燔圭幣陳
牲騂封云禪亭齋受天書以倖渺漠不可知之
天命又其悖則矯天以從人以策免賢良爲答
譴以誅鋤善類爲消沴以創建營造爲更始天
著郵則曰符命降天充懸則曰以乾封嘻亦大
惑矣抑孰知天渾渾爾漠漠爾安懸耳目安測

聲聞而其神氣精意則自與下土含生之類膠附而響隨是以東風至而酒湛液蠶呵絲而商絃絕物氣感之茷茀應矣賤臣叩心而霜飛燕地庶女告天而風襲靈臺一夫感之茷茀應矣又況環瀛海內外日千萬億不可指數之元元其喜怒悲愉百千萬億不可殫閱之情狀而天之明威視聽有不因之轉移類應者乎故精感于下徵變于上民方忻忻于庾盈廩豢嬉遊歌誦而天輒告以慶雲德星保世永祚之徵氏方

嗷嗷于宵啼露處重足燔炙而夫號告以天札疹癘背譎乖疵之徵民之於天也若執券若植表若鼓宮商叩靡不聞譎靡不報者明主知其然故不畏積氣積形窮然者之天而畏能降災降祥之天夫能貞降災降祥之天則民是已民者勢輕于尚泉權輕于飛芻吏臨之則輕法束之則輕里井而賦之則輕什五而藉之則輕夫惟合衆輕而寄之帝天之命則獨重何者天之愛民甚矣民心所欲就天亦就之民心所欲去

天亦去之此主權所不能制吏法所不能加故
日重也是以人主不重天則已重天則必先重
天所寄命之民心故九重之夏屋宮寫雕琢陸
離而閶闔有蓬堁不蔽之民慮非天意弗敢恣
也九重之田獵驅騁翱翔星馳千鍾萬燧長夜
擊鮮而閶闔有薰黑癉瘃之民慮非天意弗敢
恣也九重之衛袖婏施奉尊稱觴萬舞千謳飄
雪迴風而閶闔有甇孑枵腹之民慮非天意弗
敢恣也曰閔閔皇皇下狗窮簷而招好去惡濡

沬卯翼不敢一念一事自先而後民自貴而賤
民自勇而弱民自智而愚民此豈眞謂民之重
有加于我哉重天命也天爲民立君君爲天重
民然後君心與民心合民心與天心合其應至
于雨暘若寒燠時山出異丹水出沉玉屈軼蓂
莆產于朝青麟赤鳳止于郊蕭雲掩闕丹露騰
軒日月揚光五氣運照荷天之休若是其顯隆
懿爍也而所繇致蓋有秋毫不自重民出者哉
昔者皐陶矢謨至天聰明明畏皆自我民出而

以敬飭有土召公祈天休命而其大旨乃在敬德諴民夫二臣者豈其不諳造化不徹三極而姑爲是迂濶無當之論又豈其闇於卜祝修禳延祚迎齡之術而若是斤斤致敬于下土賤微之小民者此可惕然思矣後世詰后察相欲爲國家計長遠舍敬復操何道乎而敬德有要吾以謂一無欲足以盡之藉令其處深宮燕閒接近習暬御一澹然主以無欲之心則君志將益清明君身將益强固一欿念發即注存小民一

解澤流卽朝濡而暮暨于小民于天之心固忻
然有當矣卽卜年卜曆逾萬斯年與天長久無
窮極可也

表

擬

御製聽講大學衍義詩

示輔臣屬和因彙爲一編

頒賜侍臣謝表 嘉靖六年

同考試官左給事中楊　批　典則駢儷音律鏘然

同考試官編修王　批　逸韻麗詞洋洋清綺

同考試官編修馮　批　構思精醇措詞典重

同考試官侍講曾　批　粹潤藻麗而聲韻和平可諧金石僅錄

同考試官洗馬趙　批　春容駢麗韻諧金石是冥極者

考試官侍讀學士周　批　冲淡嫺雅

考試官大學士王　批　工雅得宋人法度

嘉靖六年某月某日伏蒙

聖恩以

御製聽講大學衍義詩元輔臣恭和彙次爲編
分賜在侍諸臣臣等誠懽誠忭稽首頓首稱
謝者
宸衷思治於昭畜德之光
膚藻敷文丕闡泰交之盛仰
瑤篇於
天拔驚
寶軸之雲來栻目知榮捫心拜
賜竊惟王者之治本於道務學爲先聖人之情

見手辭傳心攸繫遡觀遼古代有聲詩惟
時惟幾則虞廷鳴其盛今聞令望則周室
嗣其徽化理所以綦隆古今稱爲頌首自
詩亡迹熄帝王之學不傳而廉遠堂高臣
主之情漸隔興思猛士尚存霸心修詠栢
梁無關君德經横虎觀空勞握槧懷鉛什
奏龍池徒競引商刻羽大雅之風邈矣太
平之績闕焉匪偵
昌時曷瞻

作者恭惟
皇帝陛下
紹天主鬯
撫運凝圖
秉敬一以宅心
致中和而建極
命基宥密蓋已出
聖入神
化叶由庚不啻登三咸五迺

宵旰之圖彌切
就將之志益虔謂大學一書授受原於東魯而
衍義之作發明出自西山按之則綱領條
目具存循之則齊治均平立致
法筵講誦既探奧旨於遺篇
幾務餘閒爰發
鴻裁於
睿思以堯典文謨為必可法以正心誠意為必
可行叶為詩歌冠以序義

日星竝耀輝煥爛於乾文
金石相宣韻鏗鏘於帝樂雖陽春白雪已仰
贊之爲難而下里巴人猶
俯收而罔棄庸
示四輔俾賡五言遂彙次以爲編
命其名曰翊學
天光下際虫吟忝廁於龍從
海度深涵蠡測因緣於貂續聲應已云愧矣
寵頒抑又幸焉

芸函捧出
尚方
芝檢繁來蔀屋先搓東壁圖書分
乙夜之觀瑞映西崑翰墨洩酉藏之秘逮今
蓬心下品竊聽咸英而侈質庸流與聞韶武
披閱而三經三緯之傳在循誦而
一德一心之誼昭臣等學愧面牆班聯
經幄爲霖作礪未殫啓沃之忱貫玉編珠驚
睹

珪璋之燦敢不式茲
彝訓奉以周旋學為古人將切磋琢磨是勵媚
于
天子非格致誠正不陳期輸款款之忠少副
拳拳之念伏願
聖不自聖
新而又新行顧其言學不專乎章句絡如其
始功罔替於暴寒揖聖哲於目前運治平
於掌上則

明明闡著人人頌
帝志之惟熙
赫赫業隆世世歌
王功之伊濯臣無任瞻
天仰
聖激切屏營之至謹奉
表稱
謝以
聞

第叄場

策五道

第一問

黃汝良

同考試官主事沈　批

人主務聰明之實先儒格言我

聖祖獨稟全智臣我

皇上炳物沉幾若合符契子能纚纚揚厲而篇末規戒諄切忠悃藹然可嘉

手以

獻矣

同考試官編修莊　批　我

皇上聰明神聖法

祖憲

天子能揚厲其盛而未焉

旒黈助肯又宛爲忠悃匪直文字之工而已有士如此足慶得人

考試官侍讀學士周　批

務聰明之實此君德之首我

聖祖

皇上所爲垂憲繩武者予能敷揚明悉未備以規且見忠愛宜錄以

獻

考試官大學士王　批

士處草茅[illegible]

天子神聖何言之詳也末尤見忠藎可錄

帝王所以坐照天下者曷嘗不自聰明始哉包六合以為御則耳目弗及接綜萬幾以為理則思慮弗及周故聰明不可不擴也蓋聰非任耳明非任目養之乎照曠之地而要詳之體立焉游之乎恬澹之途而名實之用審焉故聖王不徧傾聽而聰以建而索鉤棘辨左高懽有餘於聽也而難

纊塞之不偏聽望而明以章而察淵魚燭
秋毫懼有餘於明也而冕旒蔽之委己而
不疑御衆而常足此之謂聰明之大者也
蓋書稱古帝王之德辨矣傅說之命曰惟
天聰明惟聖時憲夫聰明極于天而曰惟
聖憲之是以為祇承天命之本也武王之
誓曰亶聰明作元后夫元后父母天下而
曰聰明作之是以為統壹人羣之要也何
也天之全畀人主者所獨也天下之環嚮

人主而待命也其任亦以鉅而其事亦以艱矣百室之吏必材過百室者也萬夫之長必智籠萬夫者也況於天子而可以汶汶墨墨爲乎故曰人主之德莫大乎聰明也雖然聰明亦有辨矣善運之則我以聰明用天下而有餘不善運之則我以聰明爲天下用而不足故劉邵之辨材曰主德者聰明平淡總達衆材而不以事自任者也夫聰明矣而又欲其平淡何也蓋有時

于譎不譎則乎識近於普不普則淺大材無材平淡之聰明乃眞聰明也由此道也啟能盡羣材之用而衆人之耳目皆吾役焉所謂主職其要臣職其詳固達於聰明之體矣朱熹曰人主當務聰明之實而不可求聰明之名夫聰明一耳而必致辨於名實何也蓋任得其人者爲實任失其人者爲名兼聽竝觀者爲實由聽偏寄者爲名習學文而通者爲實師心而成癖者爲

名知此術也故能清萬化之原而衆人之
耳目不吾惘焉所謂耳無私聽目無私視
誠審於聽明之用矣考之古憲天之聖作
民父母之元后率由此道而虞舜其選也
史稱其濬哲文明重華協帝天下之事豈
有不在其獨照中者而舜且明目達聰咨
於四岳以股肱耳目命之當時四凶投裔
三苗分北臣主雍雍揖讓於巖廊之上而
天下治矣豈役耳目哉後世上德浸衰治

體時鑒以漢宣之綜核名實而荀悅謂其
德化未純以漢明之政察奸慝而宋均謂
其弘仁未優唐德宗強明自任矣而陸贄
戒其太察唐宣宗精於聽斷矣而令狐綯
識其少恩此皆得其聰明而遺其平淡鶩
其名而悖其實故卒與古帝王異執也洪
惟我
太祖高皇帝
天授貞符

獨稟全智郎帷幄借箸之臣熊羆杖鉞之士安

能仰佐下風而

聖祖虛懷若渴從善如歸

視朝燕見延納無時公卿侍從

咨訪不倦嘗與侍臣論聰明曰人主不以獨見

爲明而以兼聽爲明則聰明得其正矣又曰

人主之聰明不可使有壅蔽壅蔽則耳目聾

瞽天下之事無由達矣

謨訓所述

身範隨之故當其時飭宮帷而言無踰域敝緩
衣而役止掃除藩封祚以茅土而國政不
干戚畹優以祿入而民事不與誠博謀獨
斷而審於聰明者豫也洎我
皇上含靈體睿
炳物沉幾
顧畏民嵒而四方之利病洞於破的
親決章奏而百司之政理瞭于觀火至邇者
南郊偓佺

面諭九卿皆吏治之藥石也而雲漢之憂楅矣

退御煖閣

顧問輔臣皆邊計之桑土也而采薇之慮末矣

選用大臣則

淵衷黙斷慕商野之賚而紬其迂

大計羣吏則

威福茲施倣虞廷之典而師其允耆德之彥

矢心而任職則和衷之風也侍御之臣拱

手而欽若則承弼之選也

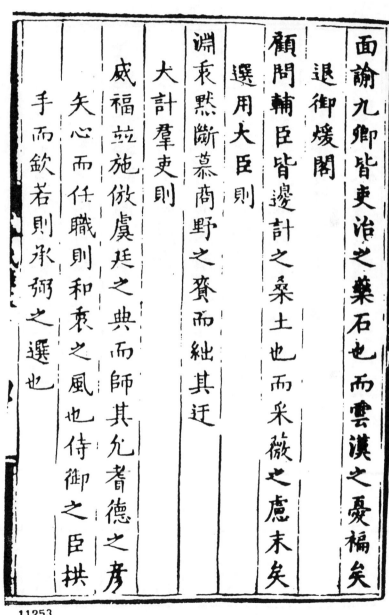

太微華蓋之上聲色不大而遐陬絶徼之外
咸若耳而目之蓋
聖祖之詒謀倏
今日而不惑虞舜之醲化考前古而彌光矣
而執事猶思所以爲
旒黈之助者則請畢其愚愚聞之人主之聰
明與衆庶異衆人以耳目爲聰明而人主
則聰有不必聞也明有不必見也衆人以
聰明役耳目而人主則衆聽以爲聰也衆

視以爲明也是故不以容光之照而陰山
藪之藏不以衡石之程而排結縕之理權
非不貴總攬而篤於股肱心膂之寄情非
不貴畢聽而嚴于萋菲貝錦之防是以海
內畏周知之哲而戴其不煩
朝端遴獨運之智而服其有體此聰明出於
平淡而名實胥附者也伏惟
聖天子臨明堂考金鏡銘簨簴採菲葑廣廈細
梅之敷陳見若淺近而義理熟則聰明進

于濡染之深其功不可踈也公卿臺諫之
風議見若拂忤而事幾熟則聰明廓於聞
見之廣其聽不可後也人情之微曖易欺
也毋以一曲蓋之國論之盈廷易淆也毋
以先入栽之蜚蓬之間却而勿遽聽嘖室
之議聽而勿遽行要在有所以養之而又
無所以壅之有所以寄之而又無所以侵
之由是以達羣材則宰物之鑑懸于上而
百職之分宜於下矣以御百官則造膝之

謨陳于外而附耳之言郤于內矣實者必
閒聞者必實誠者必信信者必誠明惡其
蔽于巳也而公聽竝照此孰非
九重之聰明權惡其不出於巳也而稟筭受成
此孰非
一人之威福將見貞明焜焞湛恩汪濊窮簷蔀
屋之情畢達煬竈翳莽之奸弗遁此所謂
大極不動而搆天大寶無為而首物有虞
氏手不煩揮口不煩言千載一時也何論

漢唐事哉

第二問

薛三才

同考試官左給事中楊　批　人臣爲國當求實濟若徒務形迹何裨於用子能據古人之事而明其意偉矣

同考試官編修王　批　晰任讓義纖悉曲至真可爲體國家謨而風神高駿篇體光華足以雄視詞場矣

同考試官編修馮　批　指事類情詞旨條暢非漫然作者

同考試官侍講曾　批　反復任讓之得失甚辨未及於臣

體國之誼任與讓合轍之灑然

同考試官洗馬趙　批　今時士習正在任讓之間甚情說合求濟己私是文抉摘隱伏幾無遁跡可爲人臣一心炯鑒而文字變合閃爍不離法度精光照耀自當不磨得士如此可爲

國家慶

考試官侍讀學士周　批　條析任讓意義明盡而末歸之總是蓋臣之芳規也錄之

考試官大學士王　批　蓋臣節士異流同源執子說以律即提衡千載可也

吾觀盛世君臣僚友之際。何其相得驩而相信篤也。其君與大臣合而無二三也。其大臣與百執事合而無爾我也。其大臣百執事與天下國家合而無顧慮也。爵祿名位。懸於朝廷。以朝廷之官。官朝廷之才。何必在人。亦何必在己。進退出處。關諸天下。以天下之心。處天下之事。何必於任。亦何必於讓。此藎臣之上忠。貞士之茂軌。而伯禹伊尹所以為萬世立極也。夫舜之命禹則讓矣。稷契之儔。當無出禹上者。而禹何以讓。惟時洪荒始闢。天下多故。譬之治室然。羣工未鳩。羣材未具。而曰一身任之者。無是理也。尹之相湯則任矣。仲虺之倫。豈其無可讓者。而尹何以不讓。惟時曷喪與嗟。民朝夕急。譬之拯溺然。褰裳濡足。惟力是視。而曰待人焉。無是理也。故禹之讓也。其所以任也。尹之任也。無害其為讓也。蓋任與讓。未嘗出于二也。世降而下。而此兩

端者始分矣原季之爲卿也讓于狐偃讓
于先且居士匄韓起之將也請從伯游辭
以趙武陳蕃讓太尉則曰不愆不忘不如
胡廣七政五典不如王暢文武兼資不如
李膺羊祜讓開府則曰秉節高亮不及李
憙潔身寡欲不及魯芝莅政弘簡不及李
胤書稱推賢讓能庶官乃和則諸公近之
而偃之三德軫之三賞皆民譽也衰其最
優乎以廣恭色媚詞取容於世而蕃固悅

而舉之何也讓則讓矣而所舉亦大不任矣平羌之役趙充國請自將而先零服伐蔡之師裴度請自督戰而元濟禽澶淵之寇寇準獨主親征承制專決而中國之氣伸汴京之圍李綱獨紬和議一意用兵而南渡之社稷存晷稱王臣蹇蹇匪躬之故則諸公有焉而不貪小利當爲後法忠臣之處斯閫遠矣克國其最懿乎準誠有社稷功乃顧衰而令之以巍同列任則任矣

而自處亦大不讓矣蓋古之讓與任。出於一。而後世修士。主讓材士。主任立功之士主任。立名之士主讓。於是讓與任始岐而爲二。雖然彼固未嘗飾其不讓者爲讓。而持其不任者以任也。有所辭無所取之謂讓。若夫競於心。讓於色。恬於勢。銳於名。則是以不讓者爲讓。而君子不謂讓矣。有所負無所撓之謂任。若夫喜於有事。踈於料事。果於生事。昧於成事。則是以不任者任之。而君子不謂任矣。君子之所謂讓者有四。所謂任者亦有四。有度德不如而讓者。有度才不如而讓者。有處則同心。出則共濟。欲以相援而讓者。有進則不足。退則有餘。善用其短而讓者。故辭弓旌之招。遜上卿之禮。則讓班也。惟君之訓。惟二三子之力。則讓功也。治內不如種。治外不如蠡。則讓事也。寧與人以分過。不代帥以受名。則讓名也。四者乃眞讓已。有度其理當爲而任之者。有度其才可以為而任之者。有度其時其勢可為而任之者。有其時其勢已無可為。猶且不避而任之者。故公家之利。知無不為。則無問難易也。夙夜匪懈。以事一人。則無問勞逸也。恩欲歸己。怨將誰歸。則無問恩怨也。苟利社稷。死生以之。則無問險夷也。四者乃眞任已。世之治也。其君子自以為不足。其敝也自以為有餘。世之治也。其君子以天下事為事。其敝也以一

身事爲事。以天下爲事則任。以一身爲事
則不任。自以爲不足則讓。而自以爲有餘
則爭。爭之始。猶曰爭事也。爭事不已。則併
功伐而爭之。爭功不已。則併權勢而爭之。
爭之而得也。則據其吭背而奪之。爭而不
得也。則設爲機穽以排之。始於爭事。卒於
爭利。固勢之必至者也。不任之始。猶曰畏
事也。畏始事之難。則託爲高曠以避之。畏
後事之難。則假示不專以諉之。成與敗未

分。而恐其屬已也。則唱爲異同以阻之。成與敗已分。而惡其形已也。則持其短長以中之。始於忌事。終於妬能。亦勢之必至者也。而又有巧於此者。則以古人任事之心。移之於官。以古人讓官之心。移之於事。將爲名高則讓之。將爲厚利則任之。陰爲厚利。顯爲名高。則陰以任而陽讓之。始爲名高。終爲厚利。則始以讓而終任之。利大害小則就之。利小害大則去之。無利無害則漫爲之以塞觀望。而曰我無所冀也。有利有害則少嘗之以卜可否。而曰我無所避也。簿書筐篋。則曰何足與治。吾任其大者。而當艱危震撼之衝。則蓄縮不敢進也。辭受取與。則曰何足傷廉。吾讓其大者。而處去就進退之界。則內戰不能斷也。嗟乎三代而下。士習何其紛紛耶。則豈非君臣僚友之間。物我町畦。欣厭意氣。有不能相忘而相信者。此任與讓兩無當而兩無佐於

國家之急務。茲執事慨然欲矯世。勵俗風天
下以純臣體國之誼。竊以爲純臣之誼。辨
其爲國與否而已。一身之中。手持足行。無
所不役使。而不言任焉。一家之中。兄友弟
恭。無所不揖遜。而不言讓焉。此無他一體
故也。今
朝廷之臣。孰非一體。何人何我。何任何讓。乃
上下人我之間。不勝彼此形骸之隔。而沾
沾談任讓之名跡。意者其非純臣之誼乎。

純臣者、其視天下國家猶一身也。其視君臣僚友猶一家也。故集衆思廣忠益。所以讓也。即獨知獨慮。絀衆議無所用。我處其勞。人處其逸。亦何必非讓也。決大謀定大議。所以任也。即弗躬弗親。而舉賢者以自代。我啓其端。人竟其事。亦何必非任也。協恭和衷。師師濟濟。所以讓也。而此韋彼弦。彼可此否。如五味不同而和。八音不同而諧。則雖無讓之名可也。鞠躬盡瘁。埤益鞅掌所以任也而老成持重坐鎮雅俗操無事之智貴不可見之功則雖無任之名亦可也故所貴乎大臣者惟其心之純然為國而已其心果純任可也讓可也即不必于任不必于讓亦無不可者彼其君臣僚友之間合也苟無是心則讓為近名任為近利雖取古人之已事而一一踐之儒乃滋長矣彼其君臣僚友之間離也故上下人己合而無間者任與讓所由出于一也

有間矣。而其離也。不勝其合。任與讓所由出於二也。間有合焉。而不勝其離。不任不讓。所以岐而二也。離而無復合矣。而外示以合之跡。轉移於任讓之間。假近似者以濟其私。不任不讓之極。所以併而一也。故夫離合之端。醇僞之首。千載上下。可覆說也。故愚於執事之問。而深有感于古今君臣僚友之際也。

第三問

陳燕龍

同考試官署郎中黃　批

談性命洞極源徹醇雅馴做乃
以風厲下得之佳士

同考試官都給事中齊　批

言言從理窟中來心髓中出蓋
究心性命者誠可以式

同考試官編修蕭　批

性命之學謂孔子無言而無不
言學者不難知而難真知思深乎足以錄矣

同考試官編修楊　批

會得聖賢一種神髓意思故脫
化言言直[illegible]胸真透養士也亟錄之

同考試官諭德趙　批　性命難言此作會聖賢諸說而一之洞徹閫奧足徵理奧

考試官侍讀學士周　批　剖析理與要歸於一且見深造華學繹之

考試官大學士王　批　折衷聖賢推衍精切猶見足以發微言矣

道不可言而聖人不能無言雖有言哉而有未嘗言者在焉是故學聖人者師其言而善學聖人者師其未嘗言師其未嘗言

者不以言不言而異觀也不以如是而言知彼而言而異觀也又不以同乎聖人異乎聖人者而異觀也若是則其見一見一則心一心一而從道與之俱矣彼求之言者則不然泥其名象執其度數銖銖而較之寸寸而度之偶合也舉而同之偶不合也舉而異之同也而是之異也而非之其於道也不亦遠乎其於學聖人也不亦勞乎若是者徒知聖人之嘗有言而未知聖

人之未嘗有言也夫天未嘗有生因物而後有生聖人未嘗有言因人而後有言人之所惑不齊聖人因而曉之云耳使天下之人而無所惑也聖人且得有言乎哉知乎此則不泥於其言矣則不必執於其言之同者以爲同矣知乎此而孔子子思孟子與夫後儒性命之說皆可得而折衷矣粤自上古其風穆穆其民醇醇羣然皆生而不知所以生同然皆得而不知所以得

曷嘗有性命之名哉其後强而有性命之名矣而未有如何而爲性如何而爲命也既而有矣而未有同異也所謂因而襲之者也柰之何學聖人者之徒以言也於是有雅言罕言之辨有可得聞不可得聞之辨是舍形而逐景又舍景而求罔兩也惑矣以愚測之夫子不雅言易非不雅言也詩書執禮無一而非易也罕言命非罕言也日用動靜無一而非命也性與天道不

可得聞非不可得聞也文章無一而非性
與天道也何者至粗者即其至精者離乎
粗則無有所謂精也至下者即其至上者
離乎下則無有所謂上也今之引孔子之
言性者則曰性相近習相遠上智與下愚
不移也引孔子之言命者則曰道之將行
命也道之將廢命也賜不受命不知命無
以爲君子也此又以聖人言及於性命而
後爲性命也嗟夫聖人曷嘗言性命哉人

惟疑性爲大相遠也故聖人曉之曰性本相近而習則相遠耳又疑性之善惡爲不可移也故聖人曉之曰唯上智與下愚始不移耳此兩言者嘗謂性作何狀哉世之人於道之行廢未免執之以成心故聖人曉之曰道之行也廢也命也我何與哉知此之謂知命遊此之謂不受命此三言者又嘗謂命作何狀哉使人不有是疑也不有是執也則數言者亦泯矣使夫人者更

有他疑他執則聖人又必有他說矣奈何乎遂主之曰此言性也此言命也昭昭乎爲的於天下而必後世之同哉故若子思子孟子可謂善學矣彼性與命孔子未嘗合言之也子思子則曰天命之謂性孔子未嘗互言之也孟子則曰性也有命焉命也有性焉蓋因天下之人不知性即命也而後有天命之謂性之說又因天下之人以欲爲性而狥之以理爲命而諉之也而

後有性也有命命也有性之說此二子者
曷嘗求同於聖人而又曷嘗不同於聖人
哉若夫易繫言窮理盡性以至於命此則
爲夫逐事物以求理而忘其本者言也窮
則反其本也反其本而性命在是矣何漸
次耶亦何性命之外更有理耶嗟夫後世
荀揚韓愈之徒皆有心立論以求知於世
則或標其旨於孔孟之外或附其似於孔
孟之中聽之若可喜嚼之實無味亦學聖

人之過而已至若宋儒之論則與是其學也以孔孟爲宗以無欲爲要以正心誠意爲體以齊治均平爲用雖有至有不至要之於聖人之學槩乎其嘗有聞者也獨於訓詁名義之閒時或不同然會而通之要無害其爲同耳故有謂性即理謂命猶令者矣謂有天地之性氣質之性者矣謂有義理之命氣數之命者矣有謂在天謂之命在人謂之性者矣即其言而瑕謫之則

性安得以理言命安得以命言哉性一而已安得有天地之性有氣質之性哉命亦一而已安得有義理之命有氣數之命哉天與人亦一而已矣安得有命在天性在人之分哉嗟夫後世學者由儒先之說以求窺於孔孟之道正當虛心而求其同而不當刻意以求其異蓋凡有言者或隨時而言或隨事而言或隨人而言而吾乃掇拾焉以稽同異歟是非非非吾人自得之學

也自得之學得其所未嘗言者而已未嘗言者謂之至言得其未嘗言者謂之眞知吾方求眞知之不暇也又何暇置異同之辨於其間哉而執事以爲性命之在吾人不可須臾離者也日用而不知者百姓耳在學者惡可以言不知嗟夫誠然哉第知非難眞知爲難故道不離於須臾而夫人者亦能不以須臾離焉則庶乎其眞知矣若乃析堅白離異同馳詞騁說於毫芒之

端緒爲辯而已矣引物連類比擬名象倡其端終日不竭爲博而已矣放要耶之思設玄微之旨窮窔奧極茫昧爲異而已矣厭忽世務游神無有託宿於蘧廬而超越於廣莫爲誕而已矣若是而可以爲知乎其奚用焉愚以爲固不若百姓日用不知者之猶爲無害也雖然此猶其下者也又其甚者洞徹乎性命之源堅持其有我之見其所謂性則誠性也其所謂命則誠命

也由是欣然自喜謂千古之學脉爲盡在己横心之所念更無是非横口之所言更無同異此又其知之爲害之最大者蓋似知而非也視百姓日用不知尤其不若者也愚生重畏焉故上之既不敢擬於眞知而下之又不敢比於似知而非者也

第四問

吳應賓

同考試官給事中陳　批　此

國家急務談者紛紛獨是作揚搉古今切中肯綮錄之

同考試官檢討顧　批　經生顧

國計能洞究弊源而歸之節儉或足裨主計者之末議矣

考試官侍讀學士周　批　論財計纖纖中窾是嘗究心世

務者

考試官大學士王　批　今之時務理財最急亦最難言子

可謂識其大者

當世之盈成也衆方習於財之有餘而深

計之士每鰓鰓焉而慮其後者何也蓋天

地之財止有此數盈於上則縮於下溢於
流則窮於源夫使盈者不可復約也則縮
者安極使溢者不可復塞也則窮者何繼
先王知其然是故量入以為出甚者寧縮
其出以寬其入而後國無乏用亦無匱民
蓋周官一書言之詳矣大司徒以辨壤制
地為職而又總其權於冢宰其事自九職
九賦以至九式九貢靡弗綜也其任自太
府外府以至玉府內府靡弗轄也外得以

稽其所入而漁獵侵牟之政不行內得以
禁其所出而城社窺窬之奸自弭故能以
三十年之通制國用而九年之蓄寬然出
其中周家所以委重於大臣而綢繆於國
計者如此彼以千里之王畿自養而有餘
以自養之餘養其民而亦無不足豈非其
制之得哉後世私天下以自奉天下之土
益廣生齒益衆財益饒而國家之用益詘
其故可知也漢承文景之後粟陳貫朽而

元朔元狩之間糜之以軍興土木之費而漢衰唐初海內富實歲入以鉅萬萬計而自天寶中天子驕於佚樂賜予遊宴之費日溢而唐衰宋自藝祖削平諸鎮據其遺貲財亦非乏也一耗於景德之禱祠再耗於熙寧之變法而契丹之金繒歲與宋終始而宋亦遂以不振繇此觀之前代盛衰之效若出一轍矣此曷故焉當國之始造人主方休息乎無爲事每闊略而財恒積

於不用及其久也席已成之業恬然狃小前人之制度嗜欲日廣心志日侈而天下始多事事多則用繁而興計詘於是掊克心計之臣進爭用一切以盡籠民利而歸之上其卒也民貧而敝且移之國矣足寒心傷枝枯幹萎國其理也

明興經制一定而

累朝以儉德守之出入相準上下交足蓋二百餘年如一日矣而尤莫盛於

今日聞之道路太倉之粟陳陳相因大農少
府之金錢庋而不勝校以為庶幾九年之
蓄則誠盛矣雖然執事亦嘗思其始而圖
其終乎往者嘉靖間
帑藏嘗竭矣然所在郡國頗有積貯未盡發
也奸民隱沒逋稅之在下者未盡輸也故
其時上詘而下不得稱弃困也迫乎繡衣
之使出分部檢括而爰贖羨餘悉
上供矣加之有司日夜務急斂以程功避課而

百姓之膏髓竭矣然則今之所號爲充溢
露積者固昔之所搜求刻責而僅集者也
故今之時下絀而上不得稱獨盈也
天子方春秋鼎盛而能降心抑志兢兢以奉
成業蓋可以去浮崇約返虛爲盈者宜莫如此
時而主計之臣持籌而算之亦已不勝其
屑越之憂矣今司度歲入不過三百餘萬
而出者歲浮其額至百餘萬且所入之額
固已縮矣而計又非必充也脫不意如往

者江南之水潦關西之大旱當是時能〻
其供輸之不後耶守臣之請蠲請賑者能
坐視勿惜耶此皆虞其縮於額之內者也
所出之數固有定矣而事又未可喩度也
脫不意又有如邇者滇蜀之驚騷南北之
採辦當是時能無車甲轉漕之費耶能無
仰給縣官耶此皆虞其溢於額之外者也
語曰山林不給野大江海不實漏卮此善
喩也今日之勢胡以異此夫自昔言理財

之術無過兩端不曰生之則曰節之而已善生財者不能生不生之財今天下之財尚有可生者乎山海關市之征網羅殆盡而比者穀日賤金日貴農人終歲勤動會不得一鏹以自潤民又加貧矣不得已而策之有節其流而已而不節之大者則內供餉邊其尤也夫

天府之需歲鏹百萬比益以二十萬賚廐薪稾諸供亦數十百萬而貢稅筐篚之入不與

馬大農之輸邊者歲百餘萬郡國輓輸
之屯田市租之入不與焉浮嘉靖中年故
額且數倍日引月息長此安窮夫
天子以四海爲匣匱而顧以一人擅天下之利
明主之所不忍也議者謂匪頒好用之式勢不
能盡減而非分之賚予不時之宣索得微
有牽于例覊于情而弗忍割者乎且
法宮之服御往往一膳而當十家之產一室
而靡百邑之賦此非所以昭德也猶有甚

者舉天下之財一籠而致之
內府而司農莫敢程其多寡法吏莫能按其
奇贏不有窟穴其中以爲奸利者乎是謂
虛外以實內非計也
天子守在四夷而顧以一隅竭天下之力
聖知之所必慮也議者謂主兵益練則客兵可
漸撤而餉益省然慮此至熟矣而卒未效
也又況多爲之名以糜之若標遊家丁之
屬者乎且往者日夜禦虜畧劍血戰而

一飽今衆弓弛甲而稟賜如故虜媾解
餉有日增虜媾不解而不日減非所以慮
後也猶有甚者虜以虛名市中國而中國
歲以實利中虜虜日益驕而當事者懼傷
其意甚乃朘削軍實以充犬羊無厭之欲
是謂虛內以事外非計也昔宋臣蘇軾之
論節用以爲自毫釐以往莫不有益惟無
輕其毫釐而積之而況此兩者幾竭海內
之力殫大農之藏誠以時什省一二一歲

數十萬十歲數百萬又積之不衰而
國家之富可以長世於是數布蠲租之澤以
煦羣生時舉折箠之威以警殊域而太平
全盛之業雖萬世可矣雖然語不云乎貧
者語仁賤者語治旁議者易是而躬操者
難成夫民貧用侈之患世公知之公言之
而莫敢任者何也齒及
向方則喉舌之地見以爲內使而急於操
上必不能堅言儉矣談及邊畫則干城之士

以爲中制而踈於備胡必不能堅言節
故法有闕焉弗任也習有銅馬弗任也是
在
明天子超然遠覽毅然獨斷采周官之經制監
歷代之盛衰念尾閭之洩無涯軫竭澤之
征難繼
明詔度支設衡立準以垂萬世之規
官府一體中外同德而後天下之事可圖也
若乃除穢剔蠹引繩批根而旁及其細者

則有司者饒為之無為煩

廟議矣

第五問

王建中

同考試官郎中王　批　綜核邊事切中機宜所謂胸中有甲兵者非耶敬服

同考試官編修陸　批　畧處覺暢而崇國體殊得問旨宜錄

同考試官編修楊　批　指陳七筴切中機宜子知其必第

之要矣

同考試官侍讀盛　批　以經術籌邊務一一皆中窾要

必夙抱經綸之志者

考試官侍讀學士周　批　談邊事具有定見而詞復沉雄雅

健可錄

考試官大學士王　批　讀此策處處中文詞亦典雅近

古取之

今之籌邊者豈徒勦成說哉抱厝薪之慮

則以豫而圖其幾定建本之謀則以全而

制其勝圖其幾者非以乘瑕而起隙也動察其形而靜察其影彿細目睫之妄而已制其勝者非以威劫而武震也內重其權而外固其威不弛先事之備而已然則壯虜之釁執事者無容問也何者先事則示擾過慮則示輕談之雖中而見以為未知而晨也請案往事即執事之所謂三策者而試籌焉夫潁渠始難而五單于內爭西漢所以樹德於呼韓也是擁而殖之之說

也薁鞬構隙而兩單于角立東漢所以樹威於尸逐也是瓜而分之之說也渭橋之約就而頡利外疑延陀之隙成而突利內附唐所以收功於突厥也是構而取之之說也是故課甘陳之績而知威德之必行覽侯應之對而知邊備之不弛覈耿竇之勳而知將帥之足倚察英衛之畧而知機會之無失是以患弭於當時而令行於絕域後世功名之主多豔心焉然而國藏虛

於供億則非利也犀膻集於内地則非制
也婚姻媾於犬羊則非分也都護控於松
漠則非地也統之皆魚兔之筌蹄得則弃
之非可常用也而今之談邊事者猥見黄
酋物故則以為中國一大機欲復取漢唐
遺計稍隳枯用之為鎮静之說者則曰一
動為大耳夫以黄酋之桀黠而亦巳宴然
至今矣今酋種不强於昔而市賞有加
前何變之敢生而愚以為此其說非也

也鷙獸能使不噬而不能使之無欲噬彼且爲驕子彼且爲豺狼彼且修郤而乖彼且蓄疑而下嚥彼且得志而見猜且紛爭而黨附彼且偏弱而借資彼且援而例乞彼且生攜於東彼且維難於而乃直曰無動勝有動馬胡以應也其喜功之說者則曰虜釁構於孽婦再世矣釁淺則爭釁深則亂是亦顛渠曆者之事也自黃酋已不能盡束其下今酋種加弱

而諸部擁兵是亦蒖鞬突利之時也善謀
國者因其瑕釁而遂恐之無寧一日縱敵
而以貽患於數世乎而愚又以為此其也
非也何也鷙獸弭耳而橫挑之非計也
收兩虎之利而忘己之非卞莊非智也
衛霍之餘威何恃耶西域非內附而匈
之右臂斷耶三衛屬夷時有向背而滿
尸逐之屬能為我耳目捍蔽耶耿賓並
之將安屬耶西能致烏孫之兵址能也

然之石耶叛如郅支能取之康居處以
利能繫之漠北耶數者無一焉而欲坐
漢唐之功胡可幾也要之我
國家之馭虜與漢唐異彼以力臣之而吾
義臣之彼以利致之而吾以利縻之彼
內之而我務外之彼務乘之而我務靜
彼致其來而不能不虞其去吾聽其去
亦不逆其來彼伺其隙而欲有其功吾不
有其功而亦不伺其隙蓋執事所謂帝王

大道有出於三策之外者我
國家業已行之矣雖然將吏急於市最而敵
愾之氣日消羈縻恃爲長策而玩愒之心
滋甚徼入而幕府上之不能振羽而集
令出而本樞下之不能應敵而弦也首
於期會之間觀望於從違之際狼顧[illegible]
以生釁爲解耳故愚竊以謂內撫宜假
的奴獸心叵測得其情則體孱而加卑
其數則形張而加肆[illegible]夫離合之情

之勢動靜之原低昂倚伏呼吸百出
借聽於象胥尉候之口而以冥冥決
故愚又以謂間諜宜精也東隙則奔命
左西隙則奔命而右先事而彼不應則
擾是虜彼動而我後時則倉皇無及夫
夙者以隙避矢者以鄉夫非定計於未
耶故愚又以謂防禦宜密也酋種雖主
無他慮其他諸大酋以下人人各有心今
不欲遽為投骨之計不可就其擁衆自
理

番陽撫而陰重之以成其相制之勢乎上外樹德而內離其心計無便此時者故曰又以謂恩賞宜權也板升樑胡皆我降中行翕侯餘孽也儻其中有桀黠自雄乎有南冠越吟而思內附者乎有思得報漢以自効者乎及茲時而無惜以戶單詞縻之俾之兩屬而外彌其隙宜亦懲我者故恩又以謂招來宜講也生於吉囊分部而牧令自延寧松山

切騷騷役屬之矣合而隙也或廿
故臣屬東大虜而跳不肯集龍城召
者強耳分而隙也或其合之是皆事
可知者故憑又以請龍駕宜嚴也夫吾
之約猶然前日耳而費添且十倍此何
也說者見請封頒歲益弗可頓減也由
夭事之請弗可輕拒也市馬來則數高
值而去創羸斃死纍纍然給之士而士
稱其用輸之此鎮而比鎮不受也此皆

虛名博實費邊吏重得失禁不盡以
上聞而陰借質於客兵之義無乃非實邊初
耶故愚又以謂檢裁宜慎也夫是七箕
非有他繆巧可以繫虜而朝之也又非
搆虜而羈之而乖之而撓之也不越甘
而圖之不可不豫不競其勝而制之下
不全執事所稱先事伐謀操縱自我、、
下居一於是乎嗟夫貢市之事蓋自
見以為害而不能諱其所之利

利而不能詳其後之害也夫
權輕重之勢酌經久之規防濫之
予奪之權重開出之禁玆非一大小
而竊恐當事者之漫視以為迂也又士
者戰守宜在將帥而決之
朝廷懸賞宜關
朝廷而擅之將帥市值宜以外募而以
軍租宜以饗士而以啖虜使力宜
而給私門堅肥宜備營操而備也

天下之利以奉邊已罄諸邊之利

輦載而出刺載而入日復一月人人

是我奉虜以其隙也設有不虞之儆

枵腹脫巾之士與彼爭一旦之功哉

上旰食憂邊

歲率再三下當事者不以此時歷算

萬全必勝之計而徒曰

武德可恃也歲市可常也

坐享匈奴寔